「合戦」の日本史

城攻め、奇襲、兵站、陣形のリアル

本郷和人

東京大学史料編纂所教授

758

中公新書ラクレ

はじめに

本書が扱うのはズバリ「合戦《かっせん》」です。

合戦とは、実は歴史学において、「乱（応仁の乱など）」や「変（本能寺の変など）」、「役（前九年の役など）」や「騒動（霜月騒動など）」といった呼称と同じく、厳密な定義がなされているわけではありません。

基本的にはそれは戦《いくさ》であり、ある複数の勢力同士が、力でもってぶつかり合うことを指しています。その意味では、「軍事」と言い換えてもいいでしょう。

軍事と聞くと皆さんはどんなイメージを持たれるでしょうか。

日本の歴史学において言えば、軍事研究はずっと一種のタブーとされる分野でした。やはりそこには第二次世界大戦における敗戦を契機として、戦前・戦中の軍部が大きな権力を持った時代への反省というものがあったからだろうと思います。戦後の歴史学のみならず、社会全体においてそのような空気があったと言えるでしょう。

戦前・戦中には「万世一系」の天皇を中心とする「皇国史観《こうこくしかん》」の影響とともに、歴史学もまた軍部と密接に関わりすぎたことの反省から、戦後はより実証的かつ科学的な歴史学が目指されるようになりました。本来であれば、そのなかから「軍事史」についてちゃんと科学的に考える研究も出てきてしかるべきだったのだろうと思います。しかし、死者三〇〇万人以上とも言われる太平洋戦争というものがあまりにも大きなトラウマとなったためか、歴史学の研究室は、軍事史を正面から扱うことを避けるようになりました。

他方、防衛大学校の研究者と経営学を専門とする社会科学の研究者の共同研究をまとめた『失敗の本質』は、初版の版元であるダイヤモンド社から、現在は本書と同じ版元である中央公論新社の文庫に入り、刊行から四〇年近く経った今でも、書店で平積みされているロングセラーとなっています。同書は、組織論的な立場から日本の軍事というものを実証的に分析し、日本型組織としての欠陥を指摘しました。戦争の失敗を科学的に検証し、今日の日本の組織にとっての教訓を引き出すこと。そのように著者たちは同書のねらいについて語っています。

歴史に学ぶということは、『失敗の本質』の著者たちのように、同じ過ちを繰り返さないための教訓を引き出すという一面もあります。そのような意味でも、日本の軍事史に改めて取り組むことは重要な作業だと私自身も考えています。

また、歴史学において軍事を考える際に私が大事だと思うのは、実際に戦争に参加して戦う兵士とは、生身の人間だという当たり前の認識を忘れないことだと思います。

たとえば、現代においても、ベトナム戦争やイラク戦争に参加し、終戦後、アメリカに帰還した兵士たちのなかには、PTSD（心的外傷後ストレス障害）を発症し苦しむケースも多いと聞きます。戦場で殺されることもひどいことですが、たとえ生還しても、一度、戦争に参加し命のやりとりをしたという経験は、その後の人生を大きく蝕むものでもあります。

それは日本史における合戦に参加した人間にとっても、同様のことだと思うのです。

本書のなかでも詳しく紹介しますが、戦国時代以降、集団戦・総力戦となった合戦には、軍事のプロフェッショナルである武士以外の人間、つまり殺し合いとは無縁の農民たちが多数、戦場に駆り出されることになります。農民たちは殺すのも殺されるのも恐くてたまりません。武士から見れば、なんと臆病者に見えることでしょう。しかし、戦場にはそんな「弱虫」たちがたくさんいたのです。何かの拍子に、戦場から逃げ出してしまうこともあったでしょう。そういう人間たちをいかにして戦闘に駆り立てるか。戦を指揮する大将たちは、彼らの心理を理解し、やる気を高めさせ、自分の思うように動かすために、さまざまな方策を用いました。

合戦のリアルとは、やはりそこに生身の人間がいるということです。シミュレーション・ゲームのようにボタンひとつで思い通りに動いてくれるコマではありません。つい、軍事の研究というとそのような戦術・戦略をシミュレートする行為だと考えがちですが、実際の生身の人間を相手にして行われる軍事というものも、深い人間理解なくしては成り立たないだろうと思います。そんなことを思いつくのも、僕自身が運動が苦手な「弱虫」だからなのです。そんな等身大の生身の人間としての感覚で、合戦に向き合いたいと思っています。

本書では、こうした戦場のリアルに立ち、城攻め、奇襲、兵站、陣形、戦法など、あらゆる観点から日本史における合戦というものを考えていきたいと思います。

目次

はじめに　3

第一章　合戦の真実――――17

合戦とは何か　19

「合戦を戦うのは人間」というリアル
合戦に駆り出される農民たち
なぜ合戦＝軍事を研究するのか
政治と軍事と、「将軍権力の二元論」
軍事と政治を分担した足利尊氏と直義の兄弟

なぜ日本史では軍事研究はタブー視されたのか　32

皇国史観という「物語」と軍事史
戦争の反省で軍事史研究が忌避される

合戦は人間の「命のやりとり」であることに立ち返って考える　40
主人に尽くすこととは何か、主従関係とは何か
命を捨てることの難しさ
英雄豪傑の物語に傾きやすい合戦論
合戦における勝敗の大前提　50
合戦の勝敗はどのように決まるのか
川中島の戦いは何のための戦いだったのか
勝利の大原則①　戦いとは数である　60
兵力の「数」が戦いの勝敗を決める
三〇〇という数字の根拠
「戦いは数である」は鎌倉武士の大原則
勝利の大原則②　経済を制した者が勝利する　71
一騎討ちの鎌倉武士

集団戦の始まり
富国強兵の地政学
明治時代の兵力算定方法

第二章 戦術

ドラマのような「戦術」「戦法」はあり得たか——91

戦術のリアルを考える 93
合戦の基本は戦術、戦略、兵站
本当に軍師は存在したのか
島津の釣り野伏せ

いかに兵の士気を上げるか 106
毛利元就の有田中井手の戦い
武士たちが率先して戦った合戦のリアル
武士たちの独自のルール

敗走する敵を追う追撃戦で、死者は激増した
奇襲戦のリアルを考える　117
いかにして少数が多数に勝つか
軍隊編成のリアル
挟み撃ち――信長の越前攻め
北条氏康による河越夜戦

第三章　城

城攻め・籠城・補給・築城――135
なぜ城攻めをするのか　137
城攻めの研究――「縄張り派」vs「文献派」の戦い
なぜ城攻めをするのか①――徳川秀忠の場合
なぜ城攻めをするのか②――前田利長の場合
なぜ城攻めをするのか③――源頼朝の場合

城郭とは何か　152
日本と中国の異なるお城事情
お粗末すぎる日本の城壁——やっぱり日本はぬるかった!?
すぐに攻め落とされた鎌倉時代初期の城
城を防御拠点として使った楠木正成の登場
山城、平山城、平城とは何か
境目の城を考える
籠城とは何か　170
合戦のコストを考える
上杉謙信も武田信玄も落とせなかった小田原城
小田原城を攻略した秀吉
境目の城での籠城戦——高天神城の場合
「本城＋1」の戦いとは何か　185
各城にどれくらいの兵を置くのか
武田信玄の優れた外交戦略

本城・浜松城＋防衛拠点・二俣城
三方ヶ原の戦いの真相
本城＋1の戦い——上杉の場合

兵站が勝敗の鍵を握る　204
インパール作戦の失敗
秀吉の兵站

築城戦を考える　211
秀吉の軍隊は非常にアクティブだった
秀吉の野戦築城① 賤ヶ岳の戦い
秀吉の野戦築城② 小牧・長久手の戦い

第四章　勝敗

勝利に必要な要素とは——219

合戦の勝敗を改めて考える　221
勝敗は何によって決するのか
大将の討死は実は少ない
敗戦は指揮系統の崩壊によって引き起こされる　226
関ヶ原の戦いと指揮系統
指揮系統の崩壊が敗戦につながる
——「関ヶ原の戦い」の場合
指揮系統が維持されれば負けない
——「三増峠の戦い」の場合
農民たちの士気を上げる　241
農民が大多数の軍隊
退却時には落武者狩りにあう可能性が高い
来るべき「合戦の日本史」
あとがき　252

構成／大野　真
図／ケー・アイ・プランニング
本文ＤＴＰ／今井明子

「合戦」の日本史

城攻め、奇襲、兵站、陣形のリアル

第一章
合戦の真実

合戦とは何か

「合戦を戦うのは人間」というリアル

歴史的に合戦を考えるならば、おそらくその始まりは個人間の喧嘩のようなものだったのだろうと思います。

どうにも気に食わない相手がいる。だから「この野郎！」と殴りつける。こんな喧嘩から始まり、いつしかそれが殺し合いに発展していった。より効果的に喧嘩、殺し合いをするならば、当然、武器を使う必要があります。こちらが武装するならば、もちろん相手も武装することになる。やがて個人間のやりとりでは済まなくなり、多くの味方を引き連れて互いに戦うようになる。つまり、集団戦になってくる。

個人同士であれば相手の命を奪ったら勝ちだったものが、集団対集団になるとただ相手の命を奪えばいいというわけではなくなってきます。特に戦いが大規模になると、相手を倒すところまでいかないことも増えるでしょう。ですから、相手の何らかの権利を奪うとか、ダメージを与えるなど、単純な命の取り合いではなくなってくるのです。

個人間の単純な命のやりとりだったものが、さまざまな駆け引きを伴う戦となる。これがごく単純に見た、合戦の成り立ちです。このとき大切なのは、合戦について机上の空論のように考えるのではなく、リアルなものとして考えることだと思います。

たとえば、これはアメリカの場合になりますが、一八六一～六五年にアメリカを南北に二分する南北戦争というものがありました。この戦争はいわゆる内戦であり、アメリカ人同士が南部一一州と北部二三州に分かれて戦いました。この同胞同士が戦った戦争では、指揮官が「撃て！」と命令しても、南北の兵士たちの半分は、お互いにわざと敵に当たらないように撃ったというリポートがあります。そこにはアメリカという国の独自の文化や信仰などの要因もあるでしょうけれども、人間が人間の命を奪うのはやはり容易《たやす》いことではないことがわかります。

相手の命を奪うのは怖いし、相手に命を奪われるのも怖い。命のやりとりは一筋縄にはいきません。遠くから撃つ鉄砲ならまだしも（とはいえ南北戦争の例を見ると、やはりそれも難しいものです）、日本の武士たちが戦っていた頃は、多くの場合、刃物で相手を殺すことになります。普通に考えれば、正気ではなかなかできることではありません。後述しますが、当時の合戦で最も用いられたのは弓矢でした。遠くから相手を射ることができる弓矢は、刃物よりも相手の命を奪う感覚が多少、希薄にはなります。これが鉄砲なら尚更です。

言い換えれば、飛び道具を使って命を奪う感覚を薄めなければ、相手を殺すことなんてとてもできないような人間たちが、実際の合戦を行うのです。こうしたことも考慮して合戦というものは考えなくてはならないと思います。それが、合戦のリアルだからです。

合戦に駆り出される農民たち

平安時代後期から鎌倉時代までの合戦は、基本的には「一騎討ち」が常でした。敵と戦う際には、まず自分がどういう人間であるか、敵味方に聞こえるように大きな声で言明し、敵方もこれに答えて名乗りを上げます。そして、命懸けで戦うに値する者であると互いに認められれば、戦いが始まるのです。一対一の肉弾戦ですから、武士という軍事を専門に行う、いわばプロ同士の戦いになります。そのため動員される兵力の数も限られたものでした。

しかし、時代が下り戦国時代に入ると、集団戦が基本になります。兵力は膨れ上がり、大規模な人数が動員されていきます。

ところがさらに時代が下り、江戸時代の合戦のない平和な時代を経て、幕末・明治維新の頃になると、戦に動員される兵力の数はがくんと激減するのです。

これはなぜかというと、幕末・明治維新の頃は、平安後期から鎌倉時代の合戦と同じように基本的には戦いのエキスパートである武士しか動員されていないからです。戦国時代には万単位の動員があったのが、一〇〇〇、二〇〇〇人くらいになる。ゼロがひとつ減っています。

ではなぜ、戦国時代においてはここまで大規模な兵力が動員されたのでしょうか。それは、兵力の大半は農民だったからです。普段は戦を生業《なりわい》としていない農民が、合戦の際には駆り出されて、戦場へと引っ張り出されるわけです。

そんな戦の実態、合戦のリアルを考えてみると、無理矢理に戦場に引っ張り出された農民たちには交戦意欲はありません。やはりみんな戦いたくないし、命は惜しい。元来、農民にとって大切なのは、土地を耕して作物を育てることです。戦をするよりも土地を耕さなければならない。だから早く逃げたい。そんなことを考えながら戦っているわけです。

そういう人間が合戦で戦っていたという事実をきちんと踏まえて考えなければ、合戦の真実に踏み込むことはできないでしょう。

なぜ合戦＝軍事を研究するのか

こうしたリアルな合戦を踏まえて考え、地道な実証を積み重ねていけば、「はじめに」でも述べたように、「軍事」というものも十分な研究対象になるはずだと私は考えています。

そもそも、なぜ「軍事」をとりわけ日本の歴史学において研究対象にするべきかというと、それは日本の歴史において、軍事のエキスパートである武士の存在が非常に大きい点が挙げられます。

特に私が専門にしている中世において武士が登場してきたことは、日本史を考えるうえでも重要な点です。天皇や公家などの貴族は古代から存在しています。寺社などの宗教勢力も古代から存在している。しかし、中世になって武士が登場するとその後、鎌倉時代、南北朝・室町時代、戦国時代、江戸時代を通じて、実に七〇〇年近くにわたって武士が権力の中心となった、「武士の時代」が続くのです。少なくとも十二世紀末から、慶応三（一八六七）年の大政奉還に至るまで、武士が政権を握っていたことは間違いありません。その後、明治政府を作り上げたのも、武士の末裔《まつえい》たちでした。

武士とは何か、どういう存在なのか、という考察を抜きに、中世以降の歴史は語れないと言っても過言ではありません。

政治と軍事と、「将軍権力の二元論」

この武士の政権のリーダーが、将軍という存在になります。官職として「征夷大将軍」という役職が天皇から与えられますが、ここでいう「将軍」は「武士の棟梁」という意味で考えてください。鎌倉幕府を開いた源 頼朝《みなもとのよりとも》以降、武家のリーダーは日本では「将軍」と呼ばれてきました。

武士たちのリーダーである「将軍」とはそもそも何者なのか、という問いは、中世における軍事研究の基本中の基本とも言えます。

この将軍を科学的な視点からいかに定義するのか。その問いに立ち向かったのが、私の恩師であり、国立歴史民俗博物館館長だった石井進先生のさらに師にあたる日本中世史の泰斗《たいと》・佐藤進一先生でした。佐藤先生が提唱した「将軍権力の二元論」は、将軍の権力を政治と軍事から成り立つものだと定義しました。

この場合、政治とは統治的な支配権を意味し、軍事とは主従制的な支配権を意味しています。この二つの支配権から成り立つのが将軍権力というわけです。

徳川《とくがわ》将軍家を例に考えてみましょう。例えば八代将軍・徳川吉宗《よしむね》という人物は、常に天候を気にしていたと言われます。なぜか。それはその年の米の作柄に直結する問題だったからです。

天候が悪ければ十分な米は穫《と》れません。そうなると人々は飢えるとともに、米の値段も高騰してしまいます。結果、物価が上がり、庶民の生活を圧迫していく。反対に、米の作柄が良すぎても問題です。米が多く穫れれば穫れるほど、今度は米の値段が下落していきます。当然、物価も伴って下落し、庶民の生活に混乱が生じる。だから、吉宗は常に天候の良し悪しに気を配り、米の作柄を心配していました。このことから、吉宗は「米公方《こめくぼう》」と呼ばれています。いわゆる「米将軍」ですね。

余談ですが、以前にある大学へ非常勤講師として講義しにいった際、「徳川吉宗といえば○○将軍と呼ばれています。この○○とはなんでしょうか？」と質問したことがあります。当然、私としては「暴れん坊将軍」という答えが出て、ちょっとした笑いが起こり、いやいやそうじゃなくて「米将軍」だよとまとめる、という流れを期待していたのですが、そもそも今の学生は時代劇を見ない。「暴れん坊将軍」を知らなかったのでした。私の時代は終わったな、と実感いたしました。（苦笑）

それはともかく、「米公方」と呼ばれていたことを考えると、やはり徳川吉宗には政治を行う「政治家」の側面が強く表れています。吉宗の時代、大岡越前守忠相《おおおかえちぜんのかみただすけ》という名奉行がいたことはよく知られています。有名なのは町奉行としてさまざまな訴訟・裁判を取り仕切ったという物語、いわゆる「大岡裁き」でしょう。しかし、実際には、彼は江戸の町における物価の安定に努めた有能な官僚でもありました。それが大岡忠相の実像と言えます。

つまり、大岡忠相のような官僚を指揮して、吉宗は政治というものに果敢に取り組んでいた。それだけ江戸時代の将軍は日本全国の国民に対して責任を持っており、今でいうなら総理大臣のようなものだったのです。つまり、統治的支配権とは日本を政治的に治める権力と言えるでしょう。

これに対してややわかりにくいのは主従制的な支配権のほうだろうと思います。将軍は全ての武士を自分の家来として主従の関係を結び統率する、その支配権がこの主従制的な支配権になります。

江戸時代における幕藩体制においては、各藩に召し抱えられている武士は、それぞれ各藩の大名である藩主と主従の関係を結び、主君として仰ぎます。その大名たちの主君は誰かといえば、将軍です。つまり将軍とその直接の家来、その家来の家来、その家来のまた家来といった形で、ピラミッド型の主従関係が日本全体に張り巡らされている。

言い換えれば、武士の社会というのは主従関係に基づくピラミッド型の体系をなしており、その頂点に将軍がいるのです。

江戸時代において、武士には忠義や忠節といったものが厳しく義務づけられていました。「君君《きみきみ》たらずとも臣臣《しんしん》たれ」というように、たとえ主君が主君らしくない人で、主君に相応《ふさわ》しい振る舞いをしてくれない人であったとしても、家臣は家臣らしく働かねばならないというのが、武士たちの一般的な通念でした。この際の主君とは誰を表すかというと、自分の直接の主人＝大名であり、将軍ではありませんでした。

武士たちは直接に主従関係を結んだ主人＝大名に忠義を尽くすことが求められていました。これは例えば主人である大名が将軍に対して反乱を起こした場合、直接の主従関係を無視して、究極の主人である将軍の味方をすればいいということではなかった。直接の主人である大名を討ち取り、将軍に対して忠節を尽くすということはほとんど推奨されていなかったのです。

とはいえ、このような直接、間接の主従関係を通じて、将軍は全国の武士全体を取り込み、いざ戦となれば、この武士たちを率いて戦うことが重要な役割のひとつだったのです。

この際、主人と家来の間は、「御恩」と「奉公」の関係で結び付けられています。家来は、合戦が起こった際には主人のために命を投げ打って戦う。これが奉公です。主人は命を賭して自分のために戦ってくれる家来に、その見返りである「御恩」を与える。

この御恩は、官位を与えるということもありますが、多くの場合は土地を与えることによって実施されました。武功を挙げた者には、新しい土地を与え（新恩給与）、土地の所有を保証する（本領安堵《ほんりょうあんど》）。武士たちは主人のために命懸けで戦うことで、主人からは自分の土地を守ってもらい、また新しい土地を与えてもらう。この関係が主従制的な支配権であり、すなわち武士たちの軍事活動の基盤となっていました。

このように考えてみると、将軍には統治権的な支配権としての政治、主従制的な支配権としての軍事の両方が必要になってきます。

ですから佐藤先生が提唱した「将軍権力の二元論」においては、将軍とは政治と軍事のリーダーであると定義づけられるのです。

軍事と政治を分担した足利尊氏と直義の兄弟

佐藤先生はこの「将軍権力の二元論」を、机上の空論として考えた訳ではもちろんありません。きちんとした実証に基づいて、理論にたどり着いたのです。

この理論の根拠として用いられたのが、足利尊氏《あしかがたかうじ》と室町幕府の例です。室町幕府の初代将軍である足利尊氏は、幕府を開く際に自らは軍事を担当することに決め、不得手な政治については弟の直義《ただよし》に任せるというかたちを取りました。

尊氏と直義は母が同じで、年も一歳しか違わない。非常に兄弟仲が良く、この二人によって軍事と政治が二分化されたわけです。尊氏の軍事と直義の政治が車の両輪となって、武士の政権である室町幕府は機能していました。二つに分かれた政治と軍事は、その後、二代将軍・義詮《よしあきら》によってひとつのものとなります。父と叔父が担ったことを一人で行うかたちになったわけです。これが将軍権力のリアルな姿だった。つまり、将軍権力とは政治と軍事の二本柱であることがわかります。

将軍権力は政治と軍事から成り立つ。これを前提にすると、それでは政治と軍事、どちらが重要なのかという疑問が湧いてきます。尊氏は室町幕府の初代将軍ですが、直義は将軍とは呼ばれていません。日本史の教科書でも、「（前略）尊氏が征夷大将軍に任ぜられ、弟の足利直義と政務を分担して政治をとった」（『改訂版詳説日本史B』山川出版社）とあり、あくまでも将軍は尊氏です。当時の表現を見ても、直義は「副将軍」と称されており、将軍の尊氏から一歩引くかたちになります。

つまり、軍事を担う尊氏が将軍であったことから、政治と軍事のうち、やはり軍事のほうが重視されていたことがわかります。考えてみれば、そもそも武士の棟梁、リーダーが将軍ですから、軍人である武士にとって重要なのはやはり軍事でしょう。中世において登場してきた武士は、古代より存在した天皇や貴族らと何が違うかといえば、やはりそれは軍事の専門家、プロだということです。その武士の政権であるならば、それが軍事政権であるということは至極当然のことと言えるでしょう。

なぜ日本史では軍事研究はタブー視されたのか

皇国史観という「物語」と軍事史

しかし、本題はここからです。

このように武士とその歴史を見るとき、やはり考えなければならないのは軍事であり、軍事史なのだと思いますが、実際には戦後、日本の歴史研究というのは政治を中心とした政治史のかたちで進められてきました。そこには、軍事史をある種のタブー扱いする傾向があったことが見て取れます。

その大きな理由としては、やはり、日本においては、太平洋戦争の敗戦が大きかったのだろうと思います。太平洋戦争の死者は三〇〇万人以上と言われています。そのような惨事を引き起こした戦争を忌避する気持ちとそれに対する批判から、戦後になって多くの大学では「軍事研究はやってはいけない」という雰囲気が漂っていたのです。

それでは逆に昭和の戦前・戦中においては軍事史研究というものがきちんとなされてきたのかというと、それ自体、満足には行われていなかったと思います。その理由として、歴史学においては戦前・戦中において優勢だった皇国史観というものがあまりにも軍部と関係を持ちすぎたことが挙げられるでしょう。

皇国史観は神話である『古事記』や『日本書紀』を歴史的事実として扱いました。つまり「物語」を重視した歴史観です。軍事もまた、川中島の戦いにおける上杉謙信《うえすぎけんしん》と武田信玄《たけだしんげん》の一騎討ちや桶狭間《おけはざま》の戦いにおける織田信長《おだのぶなが》の奇襲戦法など、超人的な英雄の存在を伴いながら物語化しやすいものです。

戦後、アカデミックな日本史研究のなかからは排除されてきた軍事史ですが、他方、在野研究者の間では有意義な研究がなされている場合もあります。しかし、その多くが「長篠の戦いで鉄砲の三段撃ちはあったのか」とか「桶狭間の戦いのとき、信長は奇襲を仕掛けたのか」というようなかなり限定された問答に偏りがちではあります。

そうした在野の研究者のなかで、戦国時代の合戦を中心に研究されている藤本正行さんという方がいらっしゃいます。藤本さんは「桶狭間の戦いは奇襲ではない」と主張して注目を集めた方です。その説の是非は置いておくとして、藤本さんは「戦前・戦中の歴史学は少数が多数に勝つということを強調しすぎている」という指摘をしました。この指摘は実に正しいと思います。

織田信長の「桶狭間の戦い」における奇襲戦法や、源義経《よしつね》の「一ノ谷の戦い」における鵯越《ひよどりごえ》の逆落《さかお》としなどは、実際これらがどのように実行されたのか、学問的に価値のある史料からは解き明かされていません。それにもかかわらず小説や講談などで描かれてきた英雄譚によって、少数が多数を打ち破る、柔よく剛を制すのごとくロマンばかりが強調されてしまったと言えます。このように、少ない兵力でも工夫次第で大軍を破ることができる、文学的、英雄的なロマンを実際の戦争にも当て嵌めてしまったのが、戦前・戦中の歴史学だったのです。

その極め付きは「神風」信仰でしょう。

文永一一（一二七四）年と弘安四（一二八一）年の二度にわたって、当時のモンゴル軍、すなわち元軍が海を渡り攻めてきました。有名な大風雨が起きモンゴルの船は沈没して、日本側はこれを退けることができたとされています。

しかし、今日の研究では大風雨、すなわち「神風」は否定されがちです。少なくとも文永の役では実際の戦闘によってモンゴル軍は退却したと考えられています。一方で高麗軍とともにモンゴルの大軍が再び襲来した弘安の役では台風が起こったのではないかとされています。

元寇の記憶において、いざとなれば神風が吹き、日本を守ってくれるという信仰が作られ、皇国史観全盛の戦前・戦中ではまことしやかにこの話が学校で教えられたのです。

現在、八〇歳を超えた年配の方は、太平洋戦争の終結の頃はまだ小学生くらいだったわけですね。ですからしばしば私は、彼ら彼女らに尋ねます。日本は負けると思っていましたか、と。すると、ほとんどの方が、「神風が吹くから日本は絶対負けないと、本当に信じていた」とおっしゃいます。

まともな軍事研究がされなかった戦前・戦中において、ロマンの物語は国力が一〇倍以上だったアメリカに対して、工夫さえ凝らせば日本のような小さな国でも勝てるんだというような幻想につながっていった。太平洋戦争において、最前線の日本軍兵士が最新装備も食糧も人員もないなかで、最後は精神論のみで戦わされることとなったのも、こうした幻想がまことしやかに語られていたからではないかと思います。皇国史観を信奉する歴史学と軍部が強く結びついたことで、このような幻想が生まれたのです。

敗戦となり戦後を迎えた日本では、戦時中の教育や学問のあり方が大きく反省され、見直されました。その結果、戦後の歴史学は物語としての歴史に傾いた皇国史観を徹底的に批判し、実証性に基づいた科学としての歴史をきちんとやらなければならないという方向へと進みました。

こうなると、とにかく戦争が連想される軍事というものは徹底的に忌避される。軍事につきまとう物語性が非常に嫌われ、軍事研究自体を遠ざけ、敬遠する風潮が間違いなく生まれたのです。

戦争の反省で軍事史研究が忌避される

戦前・戦中の極端に右に振れた針は、戦後になると今度は左に大きく振れて、唯物史観が台頭してきます。私が大学生だった昭和五〇年代には、「知識人たるもの政治的には左派であるべきだ」という意識すらありました。当然、戦争なんていうのはもってのほかだというわけです。

たとえば、父親が自衛官だった子どもを日教組（日本教職員組合、日本の教職員の労働組合団体）に所属する教師がいじめた、なんていう話もありました。戦後に制定された日本国憲法の第九条に反するものとして、自衛隊というものは発足当初から戦後の知識人らに叩かれる対象とみなされました。

しかし、今日においては自衛隊を巡る印象は明らかに異なります。平成七（一九九五）年の阪神淡路大震災や平成二三（二〇一一）年の東日本大震災における救助活動や復興支援など、自衛隊の活躍は目覚ましく、広報をきちんとやってきたこともあって、一般からの人気が高い。

しかも、現在、米中が激突する中で、地政学的に両者の中間に位置する日本において、これまでのように米国頼みで自衛力を軽んじているわけにはいかない――といった方向性も打ち出され、集団的自衛権の一部容認なども行われたわけです。そうであるならば、自衛隊をはじめとする軍事を無闇に批判するのではなく、科学的かつ体型的に、学問として考察することが重要なのではないかと思います。そのためには、とりわけ歴史学においては、こうした軍事に対する根拠のない忌避的な態度、感情に流された嫌悪的な態度は改めなければならないでしょう。

現行の歴史学においては、軍事に関する論文を書いたとしても、査読（論文の審査）には通らないかもしれません。ほとんど中身もろくに読まれずに、軍事研究だからというだけで落とされる可能性が高いのです。

戦後、歴史学においてはさまざまな研究者が登場し、多種多様な研究の蓄積があります。現在の日本史における花形はといえば、おそらく外交史だろうと思います。

鎖国に関する議論がよい例だと思いますが、元来、日本は鎖国を通じて他国との交流を限定してきたと考えられてきました。ところが近年では鎖国はなかったのではないかというような議論が盛んに行われています。古代から連綿と東アジアの国々と交流を積み重ねてきたのだというわけです。ここ二〇年ほどは外交史が最も日本史という研究分野のなかで盛り上がっていると言っていいでしょう。

外交史の次に注目されるべきだと思うのが、軍事の研究だと考えています。

そもそも戦いの目的とは何か。誰と戦うのか。どうすれば戦いは終わるのか。これらは全て政治であり、外交につながっています。

プロイセン王国の軍人・軍事研究家のカール・フォン・クラウゼヴィッツは自著『戦争論』のなかで、戦争とは、政治の延長線上にあるものであり、政治のひとつの形態が戦争なのだと言っています。

諸外国との関係で言えば、外交とは政治であり、これがこじれた場合には、戦争の可能性が高まってくる。そのときにやはり重要なのはリアルな軍事史であり、合戦のリアルを知ることなのだと思います。

合戦は人間の「命のやりとり」であることに立ち返って考える

主人に尽くすこととは何か、主従関係とは何か

もう少し、先述した軍事の基本である主従制的な支配権についてお話ししたいと思います。御恩と奉公に基づく主従関係において、家来は主人のために尽くします。具体的には、ひとたび戦が起これば主人のために戦うという軍事行動を意味しています。

徳川の武を代表する人物、本多平八郎忠勝《ほんだへいはちろうただかつ》という武将がいます。二、三〇〇〇人規模で戦えば日本一強いとも言われ、関ヶ原の戦いでは豊臣《とよとみ》方について戦った立花宗茂《たちばなむねしげ》と並んで、「東の本多、西の立花」とも称される猛将です。

現在でも戦国を舞台にしたゲームなどで人気のある人物なのですが、忠勝は主人に対して忠節を尽くすということについて、次のようなことを述べています。

「敵の首を取ったり、手柄を立てたりすることが必ずしも主人に忠節を尽くすということではない。では、どう考えるべきか。戦国の厳しい乱世においては、どんなに優れた主人であっても判断を間違うことはある。運命の歯車が狂えばどうしようもないこともあるだろう。その結果、主人が城を枕に討ち死にしなければならない事態に陥る。そのとき、主人を責めるのではなく、ただにこりと笑って一緒に死ぬこと。主人と共に死ぬことこそが最高の忠義だ」

つまり、主人に忠節を尽くすとは、主人と共に死ぬこと、なのです。これは鎌倉武士のあり方と同じです。というのは、将軍の馬前で討ち死にを遂げることこそが鎌倉武士にとっての武士の誉《ほまれ》だと考えられていたのです。

それだけに軍事というものは人間の命と密接な結びつきを持っているのです。たったひとつしかない自分の命を捨てる。それを主人のために投げ出すという行いが最も大切なことだと、武士たちはリアルに感じていたのです。

命を捨てることの難しさ

自分の命を捨てることは、もちろん容易ではないことです。これは私見ではありますが、そもそも日本人というのは神や仏を本当のところは信じていない民族なのではないかという気がしてなりません。

もちろん、神仏に対しての敬意は抱いています。ですから、中世でも戦国時代でも武士たちは寺社に参り、神仏を拝んでいる。けれども、神仏が実在するとまでは思っていなかったのではないかという気がするのです。

古来、日本は多神教であり、一神教のような人間を超える存在を絶対的なものとしては考えていないのではないでしょうか。

たとえば、平安末期に後白河《ごしらかわ》上皇が編纂した今様《いまよう》集『梁塵秘抄《りょうじんひしょう》』には、次のような今様が収録されています。

「仏は常にいませども　うつつならぬぞあはれなる　人の音せぬ暁に　ほのかに夢に見え給ふ」

仏というものは常にいるのだけれども、その姿を現実には見ることができないからこそ尊いのだ、という。そして、人の寝静まった物音のしない夜明け頃、かすかに夢のなかにその姿を現すのだ、とあります。

　まさに、神仏は現実には存在しないことを言っているように取れます。このような今様が詠まれるくらいですから、やはりキリスト教やイスラム教を信じる国々の人間に比べて、日本人は神仏の実在をあまり信じていないのではないかと私は感じています。

　またよく知られた例では、日本のキリシタンたちの在り方を見るとわかりやすいかもしれません。

　日本のキリシタンたちの受難は、天正一五（一五八七）年に豊臣秀吉《ひでよし》がバテレン追放令を出し、慶長一七（一六一二）年に徳川家康《いえやす》が禁教令を出したことに端を発し、その後、寛永一四（一六三七）年から同一五（一六三八）年にかけて、大規模な反乱に発展した島原の乱へと至ります。島原の乱では、島原半島の突端にある原城に立て籠った一揆勢が皆殺しとなりました。

　豊臣秀吉のバテレン追放令により、キリスト教を禁教とする方向へと舵が切られたわけですが、その内実はまださほど厳しいものではありませんでした。というのも、秀吉は自らの配下にキリシタン大名を多数抱えていたのです。そのためキリシタンたちに対しては、「表向きはキリストへの信仰を捨てろ」と迫りました。これは裏を返せば、「お前の心のなかまでは問わない。心のなかで信仰している分には何も言わないから、表向きは捨てなさい」としたのでした。

『タクシードライバー』や『レイジング・ブル』などの映画で世界的に著名なマーティン・スコセッシ監督によって映画化された、遠藤周作先生の『沈黙』という小説があります。島原の乱後に日本にやってきたキリスト教宣教師とキリシタンたちの受難を描いた作品です。

主人公のセバスチャン・ロドリゴは、踏絵を踏まなかった者たちが処刑され、殉教するのを目の当たりにしながら、神に対して「こんなにもあなたを敬慕する罪なき者が苦しんでいるのに、なぜ黙っているのか」と呼びかける。なぜ、あなたは沈黙しているのか、と。そこで初めて神が言葉を発する。私はお前たちと共に苦しんでいる、お前たちが苦しんでいるとき、必ず私はそこにいる。私は許すから踏んで構わない、と神が語りかけるのです。「踏むがいい。踏むがいい。お前たちに踏まれるために、私は存在しているのだ」と、踏絵のキリスト像が、ロドリゴに語りかけます。

こうして、ロドリゴは踏絵をついに踏み、表向きはキリスト教を捨てます。日本人の名前と日本人の妻を与えられ、そのまま日本で天寿を全うするわけですが、心のなかで信仰を捨てることは一度たりともなかったのです。

遠藤周作先生の『沈黙』では、宣教師もまたバテレン追放令を出した際に秀吉が言ったことを踏襲するかたちで、キリスト教の信仰が描かれていることがわかるでしょう。表向きは捨てて、心のなかでは信仰する。しかし、このキリスト教観には大きな問題があって、従来、さまざまに批判されてきました。『沈黙』が発表されたときもキリスト教カトリックの側から批判されています。

キリスト教の神というのは、唯一絶対の神です。それは命をかけて信ずべきものなのです。ですから、「踏絵を踏め」などとは神は絶対に仰《おっしゃ》らない。神を冒瀆《ぼうとく》するように踏絵を踏むくらいなら自分の命を捨てて殉教せよ、というのが本来的なキリスト教の教えなのです。キリスト教とは元来、このように大変厳しい宗教なのです。

秀吉がバテレン追放令を出して、「表向きだけでいいから信仰を捨てろ」と迫り、大半のキリシタン大名はその言葉に従って、表面的には信仰を捨てたわけですが、これは本来のキリスト教からはあり得ないことなのです。そのなかで、ただひとりの例外は、高山右近《たかやまうこん》でした。彼は、表向きであってもキリストの教えを捨てることはできないと、棄教しなかった。そのために秀吉の怒りを買い、領地を没収されてしまいます。その後、前田利家《まえだとしいえ》が右近を引き取るわけですが、右近のような態度こそが、本来のキリスト教信仰のあり方なのです。

言い換えるなら、表向きは信仰を捨てられる日本のキリシタン大名というのは、実際のところ、神の実在を本当に信じてはいなかったのではないか、と私は思うのです。日本人の多くは、自らの命を投げ捨ててでも帰依するような、神仏の実在を信じ得なかったということになるのではないでしょうか。

英雄豪傑の物語に傾きやすい合戦論

なぜ、このような話をしたかというと、先ほども述べた通り、やはりひとつしかない自分の命を捨てるということは、とても大変なことだという事実です。それは一神教のような厳しい信仰を持たない日本人であれば、とりわけ難しいことだったのかもしれません。明治維新を経て成立した大日本帝国政府は、キリスト教の代わりに天皇制を一神教のようにして根付かせ、国民に「愛国心」「国体」の観念を植え付けようとしました。こうしたことからも、国のために命を捨てるという概念を生み出すためには、一神教という思想が実は有効であると推測できるのです。

キリスト教の場合、今生きている世界のほかに天国というものがある。死んだら最後の審判を通じてキリストの信仰をまっとうした人は天国に行くことができる。そのような信仰があるからこそ、自分の命を投げ打つことができます。ところが、日本人の場合、神仏に敬意は払うけれども、その実在を信じているかはかなり微妙です。ですから、自らの命を賭して何かをするということが本来やりにくかったのではないでしょうか。

戦に駆り出されて命を賭して戦うというのは、本来ならばなおさら難しいのです。しかし、それでもなお、戦が絶えず行われる、というのがやはり合戦のリアルな姿なのだと思います。

命を捨てるのがイヤな人間たちが集団で命のやりとりをしなければならない。そのような前提を通じて考えなければ、やはりリアルな合戦論とは言えないでしょう。

戦国時代を舞台にした歴史シミュレーションゲームや、『三国志』などを題材にしたアクションゲーム、あるいは映画やマンガなどは今日でも大変人気がありますが、英雄豪傑が愛馬に乗って大きな刀や槍を振りまわし、何十人と敵を切り捨てる、無双シーンを目にすることもしばしばです。確かにそれは非常に痛快なものではありますが、やはり実際の命のやりとりはそんな生半可なものではありません。人ひとり殺すのも難しいことです。ましてや、実際にやられる側からしてみれば、たまったものではありません。

合戦について論じるとなると、どうしても英雄豪傑の合戦論に傾きがちです。水戸光圀《みとみつくに》の諸国漫遊を描いた『水戸黄門』や徳川吉宗を主人公にした『暴れん坊将軍』などの時代劇では、毎回、次から次へと人を斬り殺しているわけですが、もちろんあれはフィクションです。両方ともかなりの長寿番組でしたので、本当にあんなことをやっていたとすれば、それはもう大虐殺になってしまう。

合戦を考えるとき、知らず知らずに私たちはこういう英雄豪傑を描いたフィクションから影響されて、物語的に考えやすいものです。ですから、日本の歴史学においてもそのような物語に傾くことを危惧して、軍事研究を推奨しない流れがあるのだと思います。逆に言えば、そうした物語に毒されていない、実証的かつ科学的な軍事研究、合戦研究というものが日本の歴史学においてはなされてこなかった。空白なのです。この空白を埋める仕事が、これからの日本の歴史研究においては重要になるだろうというのが私の持論です。前置きがかなり長くなりましたが、言い換えれば、これほどの説明がなければ、なかなか合戦のリアルというものを考えるスタート地点には辿り着けないのです。

本書はこうしたリアルな人間を念頭に置きながら、合戦のリアルを見ていきたいと思います。

合戦における勝敗の大前提

合戦の勝敗はどのように決まるのか

本章の冒頭でも述べたとおり、合戦とはまず一対一の殴り合いのようなものから始まり、やがて武器を使い、相手との命の奪い合いになり、やがて集団対集団になっていったとします。

仮にこれをA対Bの戦いとすると、まだ一対一での戦いの場合には、AはBの命、BはAの命を奪えればいい。しかし、段々と集団対集団となった場合には、互いの集団の総大将であるAとBの命を直接に奪うということは難しくなります。

ですから、その場合、合戦はAやBの持っている財産であったり権利だったりを奪うことを目指すようになります。そうなると、一対一の殴り合いの頃にあったような、相手に対する単純な嫌悪や殺意では、戦いは起こりにくくなります。そこには集団と集団のさまざまな利害関係が存在するだろうことは想像に難くありません。それが、一対一の殴り合い・殺し合いと集団対集団である合戦との大きな違いです。

合戦には何らかの目的があって、その上で、仕掛ける側がいる。仕掛ける側は目的を達成するために戦を引き起こすわけですから、それなりに用意周到な準備をしなければならない。逆に言えば、手間暇かけて準備をするということは、それだけの目的があるということです。

このとき、合戦を仕掛けた側、攻める側の目的こそが、その合戦の勝敗を決める指標になります。仮に攻める側がA、守る側がBであるなら、Aの目的が達成されれば、その合戦の勝利者はAです。反対にBはAの目的を阻止すればいい。Aの目的が達成されなければBの勝ちです。

これが合戦の勝敗を見極めるポイントなのですが、実は意外と歴史学を専門とする研究者の間でもこのことを押さえていない人が多いのです。

その例が、上杉謙信と武田信玄が約一〇年（一五五三〜六四年）にわたって争った川中島の戦いの勝敗に対する評価です。

川中島の戦いは何のための戦いだったのか

そもそもなぜ、川中島の戦いが起きたのかというと、大前提として武田信玄は信濃国の制圧を目論《もくろ》んでいました。信玄は自らの父を追い出して家督を継いだ時点で甲斐国の平定はほぼ終えており、更なる領地を求めて、信濃国へと侵攻したのです。信玄は一〇年かけて信濃のほぼ全域を自分のものにすることに成功します。

ところが信玄の信濃侵攻に不服だったのが越後の長尾景虎《ながおかげとら》、すなわち上杉謙信でした（謙信は何度も名前を変えています。本書では謙信の呼び名で統一します）。

なぜ、謙信にとって信玄の信濃侵攻が問題だったのか。

地理的な条件を見てみると、上杉謙信の本拠である春日山《かすがやま》城は、日本海に面した港がある直江津《なおえつ》にあります。越後国全体を統治するにも、日本海を使った流通の面でも、直江津は重要な拠点でした。当時は太平洋側の海上交通は波が荒く危険視されており、日本海側の海上交通が交易ルートとして重宝されていたのです。そこに面している直江津を押さえておくことは謙信にとっても非常に重要なことでした。

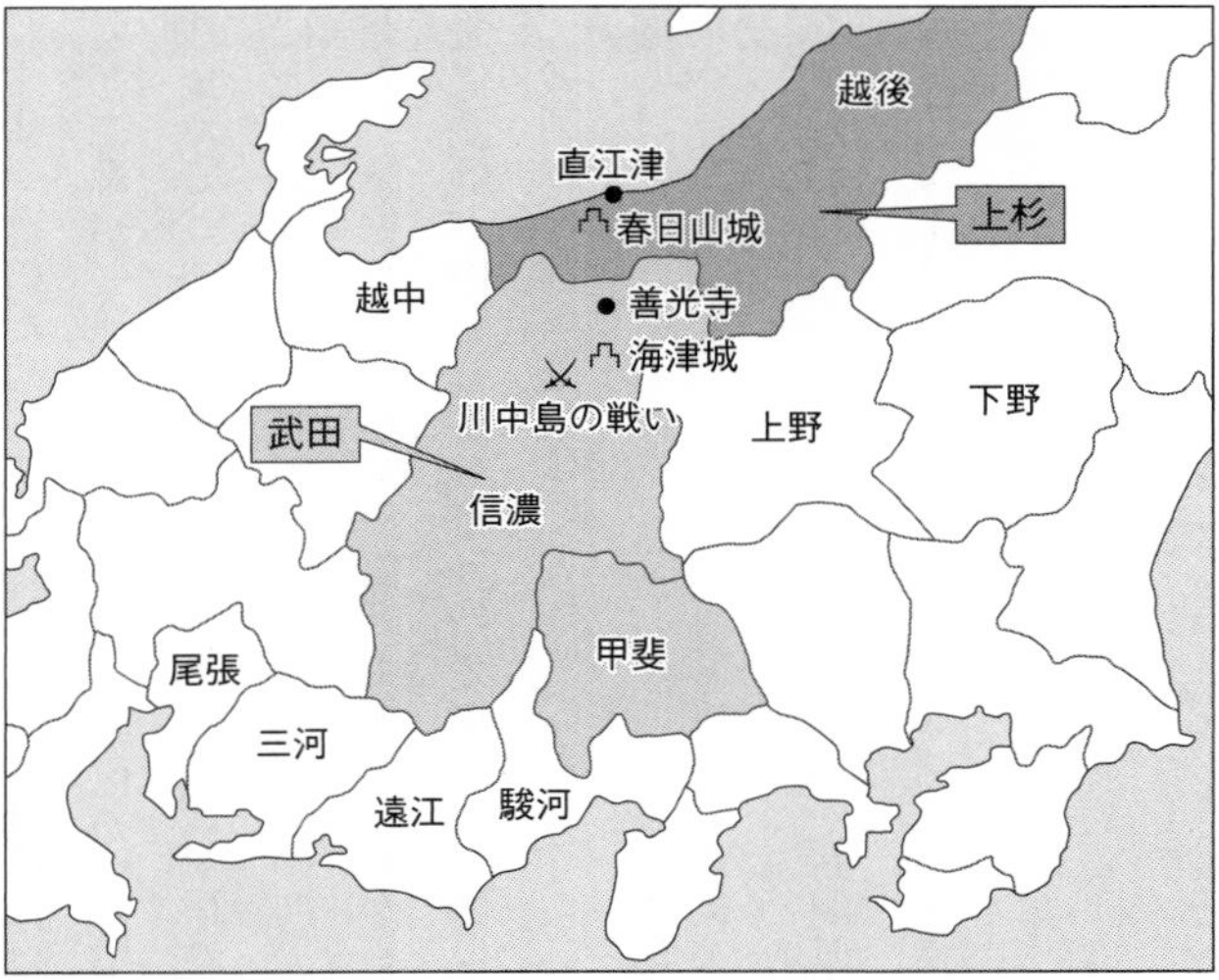

日本海側で作られている焼物を積み、蝦夷地《えぞち》（北海道）で売買する。今度は蝦夷地で仕入れた海産物などを積み込み、直江津へと戻る。さらに越後では青苧《あおそ》という植物が作られていたため、これを積荷として載せた船が京都へと行く。青苧はのちに木綿が一般になるまでは、衣服の原材料として重宝されていた品です。

直江津を押さえれば、こうした海を通じた交易権を手中に収めることができます。謙信が亡くなったときには上杉の蔵には莫大な金が蓄えられていたとされるくらいですから、この海上交易は上杉に大きな財をもたらすものだったと考えられます。そのため、謙信としては、直江津は必ず押さえておきたいのです。

ところが、地理的にみれば、謙信の越後国（新潟県）と信玄の信濃国（長野県）は隣り合って、国境を接しています。信玄が信濃全体を領有してしまうということは、謙信にとっては目と鼻の先の距離に、信玄の勢力が迫っていることを意味しています。そのため、謙信からすれば、信濃全体はともかく国境に接している善光寺平の付近、つまり北信濃は、何としても自分の領地として確保しておきたいわけです。

戦国時代、信濃全体で大体四〇万石くらいの米の収穫量があったとされますが、北信濃だけで一〇万石はありました。つまり信濃全体の四分の一もの収穫高を持っていた豊かな地域です。

謙信が治める越後国、つまり現在の新潟県は米所として知られますが、戦国時代においては実はとても貧しい土地でした。越後国が米所として急速に発展したのは、江戸時代に入ってからの技術革新によってです。江戸初期には三五万石しか穫れなかった貧しい地域が、一〇〇万石もの収穫高を誇るようになったのでした。戦国時代の当時、貧しい越後の状況を考えれば、北信濃を領地とすることは死活問題でもあったのでしょう。

対する信玄の側としても、北信濃は上杉の越後国と接しているわけですから、自分の支配下に置いておきたい。また、そもそも信玄が信濃の制圧に動いたのには、そのまま越後へと出、日本海交易のルートを確保したいという野望があったからではないかという説もあります。信玄の元々の所領である甲斐国は海がなく、満足な交易をすることができませんでしたので、それもあっただろうと私も思います。

ともかく、こうして川中島の戦いはこの北信濃をめぐって争われることとなったのです。

さて、ここで押さえなければならないのは、この川中島の戦いという合戦は、上杉と武田のどちらが仕掛けた戦いだったのかという点です。

すでに武田は北信濃を含む信濃のほぼ全域を制圧していました。ですからその北信濃を奪いたいと攻めにきたのは上杉謙信のほうなのです。つまり、攻める側は上杉謙信、守る側は武田信玄となります。

その意味では合戦の目的も明確です。上杉謙信は国境と接している紛争地域である北信濃を手に入れたい。武田信玄は逆に北信濃を奪われないようにすればいいのです。

こうして、約一〇年にわたって争われた川中島の戦いは、特に永禄四（一五六一）年の第四回の戦いが最も激しい戦いだったとして、よく知られています。

このとき、上杉軍は謙信自ら兵を率いて善光寺平にまで出向いています。対する武田軍は、信濃と越後を流れる千曲川河畔に海津《かいづ》城を築き、防衛拠点としました。この海津城はのちに松代《まつしろ》城という名で知られ、真田《さなだ》一〇万石の城下町になります。武田勢は海津城を防衛ラインとしてまず上杉軍の進攻を食い止め、狼煙などで直ちに甲府に知らせる状態にしておきました。海津城から上杉の情報を受け取ると、信玄は全軍を率いて、海津城防衛のために北信濃へと向かいます。大枠で言えば、このようなかたちで両軍は川中島で激突したわけです。

戦いの状況を見ると、午前は上杉軍が押しており、武田軍が劣勢だったとされます。このとき、信玄の弟で全軍の副将ともされた武田信繁《のぶしげ》をはじめ、重臣の両角虎定《もろずみとらさだ》などが戦死を遂げています。他方、午後になると武田軍が盛り返し、上杉軍は春日山城への退却を余儀なくされました。

武田家の歴史を記した『甲陽軍鑑《こうようぐんかん》』では、午前は上杉の勝ち、午後は武田の勝ちとしています。このことから現在の歴史学では、「引き分け」と考えるのが一般的です。あるいは、武田軍は有力武将が戦死しています。これに比べて上杉軍はめぼしい人物の戦死はありませんでした。このことを鑑《かんが》みると、上杉の勝ちとは言えないまでも、上杉に分があったのではとする考えもあります。

しかし、果たして、本当にそれでよいのでしょうか。

改めて、この合戦の目的を考えてみましょう。攻める側は上杉謙信、守る側は武田信玄です。攻める側の謙信の目的は北信濃の領有権を得ることでした。そのために謙信は春日山城から南下してきたのです。反対に、守る側の武田信玄は、北信濃を奪われなければいい。侵攻する謙信を迎え撃つべく、信玄は甲州からやってきました。

武田軍は副将や重臣を失いながらも、最後まで戦場となった北信濃に残っていました。この地を諦め、撤退したのは上杉軍なのです。実際にこの戦いの後も、北信濃一〇万石は、武田信玄の支配下にあり続けました。謙信はその領有に失敗し、春日山城に逃げ帰った。結果的に北信濃の領有に失敗したということになります。

となれば、引き分け、あるいは上杉に有利どころか、武田信玄の勝ちだと言わざるを得ないでしょう。

後述しますが、戦国時代というのは一回の合戦に勝利すればそれでおしまいというわけではありません。群雄割拠する乱世の時代ですから、周囲は敵ばかりです。いつ、弱ったところを襲われるかわからない。ですからひとつの合戦であまりにも消耗しすぎてしまったら、次の戦いでは満足な準備ができず、敗戦しそのまま滅亡ということもあります。ですから、川中島の戦いというひとつの合戦だけではなく、より大きな文脈で見たときには、有力武将の死というのは武田軍にとって大きな痛手だったことは確かです。

しかし、あくまでも川中島の戦いにおける上杉謙信と武田信玄の争いにおいては、前述の理由から、武田信玄の勝利と解釈するべきでしょう。

合戦において、攻める側には理由があり、目的がある。その目的が達成されたか、達成されなかったのかが、合戦の勝敗を判断する根拠になります。そのときの合戦だけに限定すれば勝ちであっても、大きな流れで見たときには実は負けだったということもあります。しかし、繰り返しになりますが、重要なのはその合戦の目的とは何か、そしてその目的が達成されたのか、達成されていないのかという点に尽きます。シンプルな考えですが、これが最も合理的な判断でしょう。

勝利の大原則① 戦いとは数である

兵力の「数」が戦いの勝敗を決める

合戦の勝敗を判断するには合戦の目的を考えることが重要だと述べました。それでは、合戦の目的を達成するためには、何がカギになってきたのでしょうか。リアルな合戦ということを普通に考えれば、最も重要なのは兵力、すなわち数だと思います。先にも述べましたが、戦前・戦中の歴史学と軍部が重視し、クローズアップしてきた少数精鋭による奇襲戦法などは、本来であれば悪手だと思います。

地球連邦軍とスペース（宇宙）コロニーのジオン公国軍が戦った一年戦争を描いたテレビシリーズ『機動戦士ガンダム』という有名なアニメがあります。そのなかでジオン公国の総帥であるギレン・ザビに、弟で宇宙攻撃軍司令であるドズル・ザビが「戦いは数だよ、兄貴！」と進言します。もちろんガンダムはフィクションですが、現実の合戦でもドズル・ザビの言う通りなのです。

どんなに優れた英雄豪傑が一人いようとも、圧倒的な数で来られれば結局、負けてしまいます。逆に言えば、合戦の勝敗を握るのは、どれだけの兵力を動員できるか、なのです。ですから、どれだけの数の兵力がひとつの合戦に動員されたのかをきちんと分析することが、合戦のリアルを見ていくことにつながります。

しかし、日本史研究において、実はこれが非常に難しいのです。

たとえば、中世を研究する人間にとって一級史料とされるものに、鎌倉幕府の歴史をまとめた『吾妻鏡《あずまかがみ》』があります。鎌倉幕府の執権職を務めた北条氏の視点から編纂された歴史書ですから、同時代の貴族たちが書いた日記などと比べると、史料としての確度はどうしても落ちてしまいますが、やはり中世、特に鎌倉時代を研究する者はまずこの『吾妻鏡』にあたることが求められます。

ところがその『吾妻鏡』には堂々と嘘が書いてある。その最たるものが兵力、つまり兵の数なのです。たとえば、後鳥羽《ごとば》上皇と朝廷、北条義時《ほうじょうよしとき》と鎌倉幕府の対決となった承久《じょうきゅう》の乱では、幕府側の軍勢は一九万人だったと記されています。

『吾妻鏡』が一級史料だとしても、この数を鵜呑みにしては、合戦のリアルは見えてきません。しばしば、こうした軍記や軍記物語には、実数を無視して華々しく威勢の良い数字を誇張して記してあるのです。承久の乱に動員された幕府軍の数一九万人というのも、誇大に描かれたよい例だと思います。

歴史人口学を研究されている速水融《あきら》先生という経済学者がいらっしゃいますが、緻密な計算によって日本列島の人口の変遷を算出しています。その速水先生の研究によれば、西暦六〇〇年で日本の人口は大体六〇〇万人ほどだと考えられています。その後、戦や飢饉、病などの流行によって人口はなかなか増えませんでした。関ヶ原の戦いがあった一六〇〇年頃で、一二〇〇万人程度。つまり、一〇〇〇年で人口は倍にしかなっていません。その後、江戸時代に入って人口は飛躍的に増えるのですが、おそらく中世の頃はだいたい一〇〇〇万人程度だったと考えられます。

総人口一〇〇〇万人のうち、幕府軍は二〇万人近くもの軍勢を動員することができたというのは、あまりにも数が合わないのではないでしょうか。そこには数字の水増しがあると考えられます。合戦のリアルを考えるならば、この誇張された数字から実際の数字を算出しなければならないのです。

そこで参考になるのが、以前、中国史研究者の渡邉義浩先生とお会いしたときに伺った話です。渡邉先生がおっしゃるには中国の歴史書においても、兵の数は誇張されて表現されるというのです。

たとえば『三国志』に出てくる赤壁の戦いというものがあります。ジョン・ウー監督のアクション映画『レッドクリフ』の題材にもなった戦いです。魏《ぎ》の曹操《そうそう》が呉を制圧しようと兵を率いて攻めたわけですが、曹操が動員した魏の兵力はおよそ八〇万人だったと言われています。いくらなんでも八〇万人も動員することはできないだろうと思い、「これは実際の数字と考えていいのでしょうか」と渡邉先生にお聞きしました。

すると、渡邉先生は「ある種の不文律のようなものがありまして、大体一〇分の一程度の数字で考えてください」とおっしゃいました。

中国の知識人たちもそのままの数を鵜呑みにするのではなく、一〇分の一くらいで考えているのだそうです。具体的な根拠を示せと言われても少々難しいのですが、八〇万人ではなく八万人ならば、想像に難くありません。

おそらく、このような中国の歴史書を当時の日本の、歴史書の編纂を担ういわゆる知識人たちも読んでいたのでしょう。日本では江戸時代に本居宣長《もとおりのりなが》らの「国学」というものが登場するまで、歴史と言えば中国の歴史のことを指していました。ですから当時の日本人にとって、歴史と言えば中国史を意味していたのです。そのため、一〇倍に誇張された中国の歴史書の記述には非常に親しんでいたということになるでしょう。

こうした点から見ると、『吾妻鏡』に書かれた承久の乱に動員された幕府軍一九万人というのも、実際には一〇倍に近い数に水増しされていたと考えるべきでしょう。

長年、史料を検証してきた私の実感とすれば、この時代、三〇〇〇人ほど集められれば相当な有力者だったと考えられます。承久の乱の折、幕府軍は二手に分かれ、さらに北陸に駐留した軍勢がいました。主力部隊を率いた北条義時の息子・泰時《やすとき》らの軍勢が京都に入った際には、「勇者五千」と記述されています。二手に分かれたわけですから、単純に二倍して一万人、仮に北陸にも同数の軍勢が駐留したとすれば、さらに五〇〇〇人。合計して一万五〇〇〇人が実数に近いのではないでしょうか。その意味では、『吾妻鏡』の記述は一〇倍以上の水増しがされていることになります。

このように、合戦の歴史を記述した史料では、しばしば兵力の数は「盛りがち」なのが実際のところです。この数を鵜呑みにしたまま、合戦を分析するとおよそ実態とはかけ離れた合戦像になってしまいます。史料に書かれた合戦の場面は信頼するとしても、数字自体をそのまま受け取るわけにはいかないのです。

三〇〇という数字の根拠

もう少し、有力武士の動員力は三〇〇人くらいという数字について見ていきましょう。その数字の根拠を示せと言われてもなかなか難しいのですが、ひとつ、例として挙げるとすれば、元久二（一二〇五）年に起きた畠山重忠《はたけやましげただ》の乱における兵力の数が参考になります。

この畠山重忠という武士は武蔵国の武家勢力である秩父党のリーダーとして知られ、鎌倉武士の鑑として『吾妻鏡』にも記されるほどの人物でした。

源頼朝の死後に鎌倉幕府の実権を巡って有力御家人たちの権力闘争が激化します。その過程で、北条時政《ときまさ》やその子・義時らによって、謀反の嫌疑をかけられ討たれたのが、畠山重忠でした。

まずは重忠の嫡男・畠山重保《しげやす》が鶴岡八幡宮方面にいたところ、時政の手の者に討たれてしまいます。重忠自身は謀反人の討伐を行うため鎌倉へと参じるようにという命を受け、武蔵国から鎌倉へと向かいました。

まさか、自分が討たれるとは思ってもみない重忠は、二俣川に差し掛かったところで、北条義時の軍勢と出会います。そこで初めて、討伐の対象は自分であることを知るのです。重忠の「一の郎党」すなわち一番の家来である本田近常《ほんだちかつね》は、「我々は十分な準備ができていません。一旦、引き返しましょう」と進言しました。

しかし、重忠は「どう頑張ってもこの大軍には敵《かな》わないだろう、敵に後ろを見せるのは武士にとって末代までの恥辱であるから、腹を決めて潔く戦おう」と家来たちを鼓舞したのです。こうして、義時と重忠の軍勢は二俣川付近で激突し、激しい戦闘の上、とうとう重忠は討ち取られました。

このときの畠山の軍勢はおよそ一三〇から一四〇人ほどとされています。取るものもとりあえず、十分な準備ができないまま兵を率いてきたわけですから、本気になれば大体三〇〇ほどは動員できるということが推測できます。

重忠を討った義時は、鎌倉に戻り、父・時政に「重忠の軍勢は少なかった。謀反の企ては嘘に違いない」と詰め寄ったと『吾妻鏡』は伝えています。このことからも、重忠の軍勢はやはり十分な準備がされていないものだった。本気を出せばその倍くらいの兵力を動員することが可能と推測できるのです。

「戦いは数である」は鎌倉武士の大原則

さて、「戦いは数である」という合戦における勝利の大原則について改めて見ていくと、この原則は、まだ一騎討ちが主流だった鎌倉時代の武士たちにとっても非常にリアルな感覚としてあったのだろうと思います。先述した『吾妻鏡』には、そのことをよく表した源頼朝のエピソードが記されています。

頼朝は鎌倉幕府を開くにあたって、幕府運営のために必要とされる文官を京都から招いています。そのうちのひとりである筑後《ちくご》権守《ごんのかみ》俊兼《としかね》には、いわばお雇い外国人のようなもので、非常に高い給料が支払われていました。京都出身の俊兼は、着道楽だったようで、京都のお姫様のように何重にも豪華な着物を重ねて着ておしゃれを楽しんでいました。

その様子を見咎めた頼朝は、俊兼の着物の袖の部分を自分の小刀でズバッと切って彼を諭《さと》したのです。

「どうしてお前みたいな優秀な人間が、質実剛健ということを知らないのか。千葉常胤《ちばつねたね》、土肥実平《どいさねひら》を見ろ。彼らはお前と違って学問も教養もない。しかし、普段から質素を心がけて、余ったお金で家来を養い、いざ戦が起これば、その家来たちを引き連れて私に忠節を尽くしてくれる。それに比べてお前はなんだ」

頼朝は、自分に仕える有力御家人である千葉常胤や土肥実平といった具体的な名前を出しながら、俊兼に対して態度を改めるように釘を刺したのです。

このエピソードは、いざ戦いが起これば、やはり重要なのは「数」なのだと、頼朝がよく理解していたことを物語っていると思います。頼朝がそのように考えていたならば、それは鎌倉武士たちの常識だったのでしょう。

結局、合戦というのは兵力の数が多いほうが勝つのだというリアルを、田舎武士と揶《や》揄《ゆ》され学問も教養もない鎌倉武士ですらよく知っていた。千葉常胤や土肥実平などの御家人たちは、質素倹約を心がけ、そのぶん一人でも多く家来を養い、戦に備えていたのです。

もうひとつ、「数」が重要ということがわかる面白い逸話があります。

治承《じしょう》・寿永《じゅえい》の内乱、いわゆる「源平の合戦」を経て文治五（一一八九）年に源頼朝は奥州征伐に乗り出します。全国に守護、荘園に地頭を置き、日本全国に影響力を及ぼしつつあった頼朝にとって、奥州平泉の藤原氏はいわば最後の敵でした。

このとき、頼朝は今でいう東北新幹線のルートに沿って北上したわけですが、途中、下野国《しもつけのくに》の小山《おやま》を通った際、下野国最大の武士団を率いた小山政光《まさみつ》の邸に宿泊し、接待を受けました。

その接待の場で、頼朝には熊谷直家《くまがいなおいえ》が付き従っていました。直家は、今の埼玉県熊谷に本拠を持つ武士で、熊谷直実《なおざね》の息子です。政光は直家とは初対面でした。政光が何者かと尋ねると、「この者は本朝《ほんちょう》無双《むそう》の勇士である」と頼朝は直家のことを褒めちぎりながら紹介します。これに政光は嚙みつき、「どうして直家が本朝無双の勇士なのか」と尋ねます。

頼朝は、一ノ谷の戦いをはじめとする源平の合戦の折には、父・直実と共に命を賭して戦ってくれたからだと応じます。

政光は、「鎌倉殿（頼朝のこと）は面白いことをおっしゃる」と返します。熊谷などは治める領地も少なく、大した数の家来も養うことができない。だから自分たちだけで戦うしかない。それに比べて、小山家は下野国のナンバーワンの武士団を誇り、多数の家来を養っている。いざ合戦となったらこの多数の家来を派遣し、鎌倉殿に十分に奉公しているではないか、と政光は続けました。

さらに政光は、鎌倉殿がそのような認識であるならば、我々も考え方を改めて、先陣を切って「本朝無双の勇士」と褒めてもらおうではないかと一族に向けて、皮肉めいたことまで言い放ったのでした。

小山政光の言うことは正論でした。ですから頼朝も咎めるわけにいかず、面目をつぶされたまま、きっと苦り切った表情を浮かべたのでしょう。まさに、戦いとは「数」だという合戦のリアルを鎌倉武士たちは共有していたことがよくわかります。

勝利の大原則②　経済を制した者が勝利する

一騎討ちの鎌倉武士

戦いは数であるという合戦における勝利の大原則を見てきましたが、先述したように、武士が台頭してきた時代、すなわち平安時代後期から鎌倉時代の初めにかけては、まだ戦は一騎討ちが主流でした。敵と戦う際にはお互いに名乗りを上げて、自分が命を懸けるに相応しい相手としか戦いませんでした。自分は戦おうと思っても、相手が認めなければ一騎討ちは成立しません。

お互いに名乗りから始まり、戦うことが決まったら、まずは弓を互いに射る。弓の勝負で雌雄《しゆう》が決しない場合には、「いざ組まん！」と掛け声を上げ、馬上で姿勢を正しての組み討ちとなります。相手を馬から落とし、押さえつけて小刀を抜き、首を取る。こうやって勝敗を決めるのが一騎討ちでした。

そのため、一騎討ちをする武士たちにとって重要なのは、まず馬術、そして弓矢の技術です。弓の勝負で決着がつかなければ相手と取っ組み合うわけですから、力は強ければ強いほどいい。すなわち、鎌倉時代初期までの武士の理想像とは馬術が巧みで弓の扱いに秀でていること。そして大力であること。先に挙げた時代劇のような、刀で切り合うチャンバラの要素はどこにもないのです。

当時の合戦はプロ対プロ、すなわち武士同士の戦いが基本です。だからこその一騎討ちなのですが、家来たちは大人しくそれを見ていなければならない。しかし、このプロ対プロの命のやり取りに唯一、割り込める存在がいました。それが「一の郎党」とも呼ばれるような、主人と一心同体の家来です。一心同体ですから生きるも死ぬも一緒。だから一騎討ちに助太刀に入ることができたのだろうと思われます。

そのよい例が『平家物語』に記されています。

平清盛《たいらのきよもり》の一番下の弟で、武芸だけでなく和歌にも秀でた「花も実もある武将」として誉れ高かったのが、薩摩守忠度《さつまのかみただのり》（平忠度）でした。彼は、源平の合戦の「一ノ谷の戦い」の際に、岡部六弥太《おかべろくやた》（岡部忠澄《ただすみ》）という武士と一騎討ちになります。忠度は大変に力の強い武士で、一気に岡部六弥太を組み伏せ、小刀を抜いて首を切ろうとします。すると岡部六弥太の一の郎党である家来が背後から走り寄り、忠度の左腕を切り落としてしまった。忠度が怯《ひる》んだところを、岡部六弥太は起き上がりすかさず忠度の首をはねたのです。

『平家物語』では、岡部六弥太の家来がとった行動について、一切、「卑怯だ！」とか「ずるい」とか否定的な評価を下していません。逆に言えば、一の郎党である家来は、たとえ一騎討ちが常であったとしても、主人とともに戦うことが許されていたのです。

鎌倉時代初期までの合戦はあくまでもプロ対プロの一騎討ちが主流。しかし、その一騎討ちには、固い絆で結ばれた一の郎党である家来だけが割り込んで、主人と一緒に戦ってもよいということになっていた。

命のやり取りをするわけですから、そこにはルールも何もあったものではない。つい、そのように考えがちですが、このように見ると、リアルな合戦にも案外に細かな戦いのルールがあったのではないかと思われるのです。

集団戦の始まり

さて、こうした武士たちの一騎討ちの戦いも時代が変わるとともに、より集団戦のかたちを取るようになります。そのターニングポイントと言えるのが、先述した元寇、すなわちモンゴル軍の襲来でした。

モンゴル軍にとっては日本の武士たちが行う一騎討ちの作法など知ったことではありません。鎌倉武士が名乗りを上げている間に、どんどん集団で攻めてくる。そうなると一騎討ちは遥かに分が悪いわけです。おそらく、二度にわたる元寇が鎌倉武士たちの意識を変えたのではないかと思われます。その後の南北朝時代に入ると、一騎討ちは主流ではなくなり、確実に集団戦中心の合戦になっていきました。

なぜ、集団戦が主流になったとわかるかというと、それは武器の変遷に如実に表れているからです。一騎討ちが主流だった平安時代後期から鎌倉時代において、長い得物といえば、槍ではなく長刀《なぎなた》が主流でした。まだこの頃には、槍は存在していなかったのです。『平治物語絵巻』を見ると、そこには長刀を持つ人物が描かれており、当時の武士たちは長刀を用いて戦っていたことがわかります。

正慶二（一三三三）年（元弘三年）、後醍醐《ごだいご》天皇から幕府討伐の命を受けた足利尊氏が京都の六波羅探題《ろくはらたんだい》を落とし、新田義貞《にったよしさだ》ら関東の武士たちが鎌倉を攻略しました。これにより、得宗《とくそう》（本家）の北条高時《たかとき》が自害し、鎌倉幕府が滅び、南北朝時代へと入っていきます。

その頃になるとすでに戦の主流は一騎討ちではなく集団戦になります。そのため、いかに多くの兵を集めることができるかということに重きが置かれるようになります。いわば、「戦いは数である」ということがより重要になってくるのです。

すると、どうしても武士のような戦いのプロフェッショナルを数多く揃えるというのは、必ず無理が出てきます。そもそも武士の絶対数は限られているわけです。そこで、駆り出されたのが「戦の素人」である農民たちだったのです。

戦には慣れていない農民ですから、当然、武器の扱いにも慣れていません。そんな素人に長刀を持たせれば、遠心力があって勢いがつき過ぎ、扱いが難しいのです。とりわけ集団のなかで素人が長刀を振り回せば、誤って味方を傷つけてしまいかねない。誤射により味方を撃ってしまうフレンドリーファイヤというものがありますが、まさにそのようなものです。

ですから集団戦が主流になるとともに、次第に長刀は姿を消し、代わりに槍が登場してくるのです。やがて大勢に槍を持たせて、一方向に突撃させるというような戦法が取られるようになりました。槍ならば遠くから相手を突けばいいわけですから、命のやり取りに慣れていない農民であっても、十分に戦力になります。

南北朝時代から室町時代に入ると、足軽が登場するようになり、総力戦が始まります。「戦いは数である」ということが、真に意味をなす時代が幕を開けたのです。こうして、戦国時代においては、数の力で相手を圧倒するような集団戦がスタンダードになりました。

相手よりもより多くの兵を準備できたほうが、合戦に勝利する。たくさんの兵隊を養えるほうが圧倒的に有利だということです。そうなってくると、合戦の勝敗を決めるのは、戦場だけでない。準備の段階から勝負が始まっていることになります。つまり、より多くの兵を養える経済力がある者こそ、合戦の覇者となる、というわけです。

富国強兵の地政学

より多くの兵を養える者こそが合戦の勝者となる。一騎当千の英雄豪傑の存在や、知恵を振り絞り奇を衒《てら》った戦法・戦術によって戦いに勝利する場合と比べると、それはあまりに地味かもしれません。しかし、これが合戦のリアルなのです。

いわば経済的に豊かかどうか、富国であるかどうかが合戦の勝敗を分けるとすると、そこには地政学的な優越がもともと存在すると言えるでしょう。

たとえば、武田信玄の場合、先述したように信濃国を自分のものにするために、約一〇年の歳月をかけてこれを制圧しました。その後、北信濃の領有をめぐってまた約一〇年の間に五回にも及ぶ川中島の戦いで上杉謙信と争った。つまり、信濃を完全に掌握するのに二〇年もの歳月をかけたわけです。

しかし、信濃国の石高はいくらか勘定してみると（戦国時代では本来、石高では計算しないのですが、本書ではわかりやすさを考慮して石高で統一します）、およそ四〇万石です。もともと信玄が領有していた甲斐国はどうかというと、大体二〇万石程度でしかない。つまり、武田信玄は二〇年もかけて合わせて六〇万石しか手にしていないわけです。

兵を無理なく編成するならば、詳細は後述いたしますが、だいたい四〇万石の領地を持つことができる大名ならば一万人の兵力を有することができると考えられます。一〇〇石あたりに換算すれば、二・五人ですから四捨五入して、「一〇〇石あたりおよそ三人」ということもあります。この「四〇万石あたりおよそ一万人」という計算式は、小説家の司馬遼太郎先生も用いた算出方法です。

もちろん無理をすればそれ以上の兵力を動員することもできるでしょうけれども、先述したように戦国時代においては一回の合戦に勝てばそれでいいわけではありません。たとえ一回の合戦に勝ったとしても、それで疲弊してしまえば、次の合戦で負けてしまう。一回の負けが滅亡にもつながりかねないのが乱世たる戦国時代です。ですから、無理なく兵を編成すると、「四〇万石あたりおよそ一万人」「一〇〇石あたりおよそ三人」くらいが妥当な数字なのです。

このように考えると、武田信玄が無理せずに兵隊を集めるとすると、約一万五〇〇〇人になります。第四回の川中島の戦いでは信玄はおよそ二万の兵を動員したと『甲陽軍鑑』は記していますが、これは誇張した数字を記載しているのか、信玄はかなり無理をして本当に二万の兵をかき集めたのかは定かではありません。

それでは上杉謙信の越後国はどうだったかというと、先述したとおり、越後が米所になるのは江戸時代になって以降のことです。この頃の越後一国で石高はわずか三五万石に過ぎなかった。ですから、動員できる兵の数はおよそ一万人ぎりぎりといったところです。しばしば上杉謙信の軍勢は八〇〇〇人と言われますから、数としては石高に合っています。しかし、『甲陽軍鑑』では、第四回の川中島の戦いに動員された謙信の軍勢は一万三〇〇〇人とあります。信玄同様、これもどこまで本当かわかりません。

武田信玄、上杉謙信という戦国武将を代表する二人の兵力が石高に換算すると意外にもさほど多くない印象を覚えますが、これに対して天下統一まであと一歩と迫った織田信長はまるで別格でした。

信長が生まれた尾張の地は元来、非常に豊かな土地柄で、信長の父・織田信秀《のぶひで》は独自のカリスマ性によって尾張一国をまとめあげていました。しかし、その信秀が亡くなり、信長が家督を継ぐと、尾張国内の領主たちは信長に反発するようになります。信長にとってまず尾張を再統一することが急務だったのですが、案外これに苦戦し、尾張一国を完全に制圧するのに一〇年近い年月がかかっています。

やがて、西に侵攻してきた今川義元《いまがわよしもと》の軍勢をまさしく乾坤一擲《けんこんいってき》、桶狭間の戦いで退け、義元本人を討ち取るとその後の快進撃にはめざましいものがありました。三河国の徳川家康と同盟を結び、東に対する守りを固めたのち、信長は美濃、伊勢北部と次々に自分の領地にしていきます。尾張統一からわずか七年のうちのことです。

信玄が信濃一国のために二〇年かけたのに対して、信長は尾張・美濃の二国と、伊勢の北部を三〇代半ばで手にしてしまったのです。しかも信長が手に入れたのは、当時の日本列島のなかで生産力の高い土地ばかりでした。

それぞれの石高を見てみると、尾張国五七万石、美濃国六〇万石、伊勢も六〇万石ほどとされますが、その北側半分として三〇万石とするならば、合計でおよそ一五〇万石にも上ります。

二〇年かけてやっと甲斐、信濃六〇万石を手に入れた武田信玄。三十代半ばで、一五〇万石を手に入れた織田信長。信長が天下統一までリーチをかけられたというのは、ある意味、必然だったとも言えます。仮に信長と信玄が正面から戦えば、兵力に換算すれ

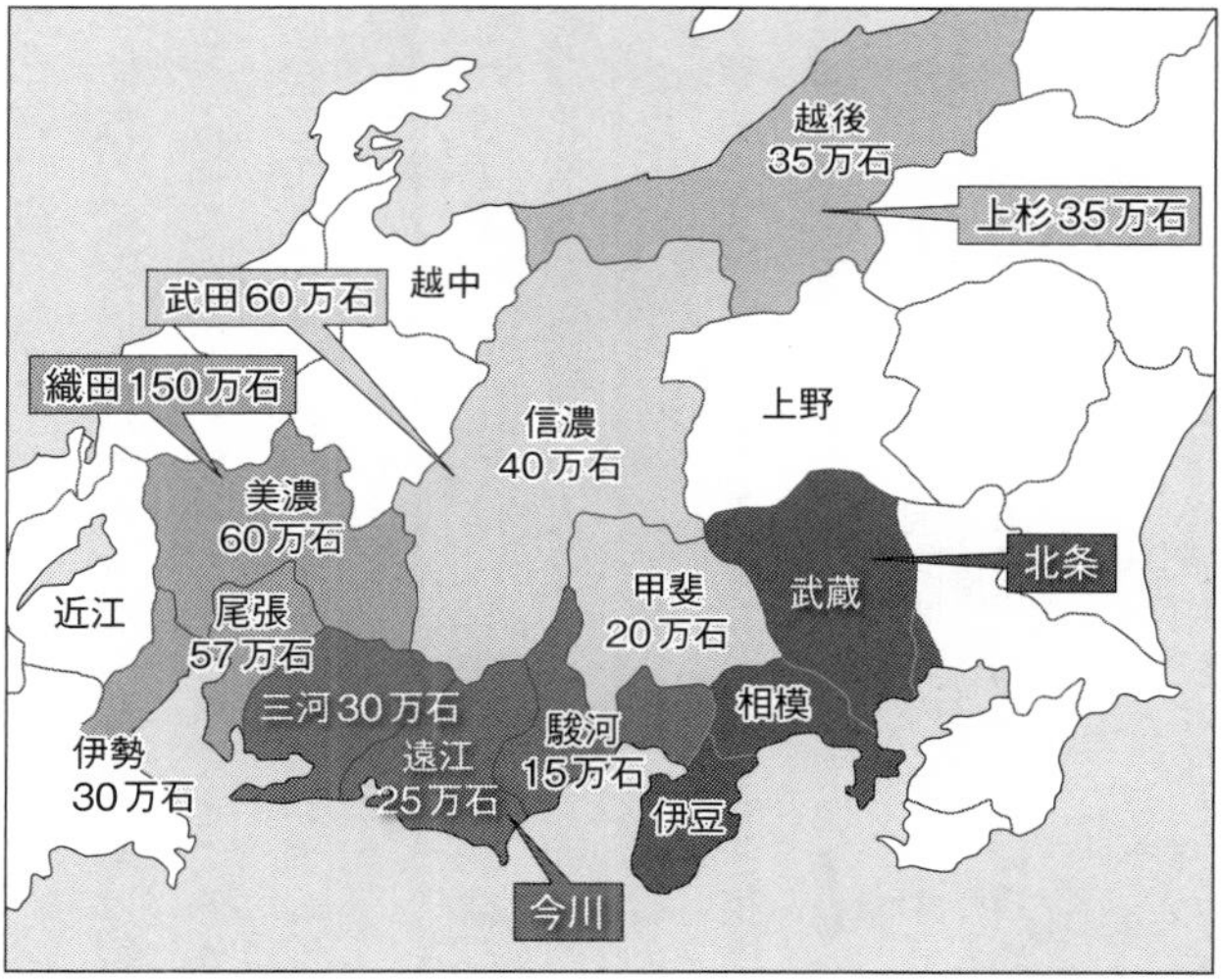

ば四万人対一万五〇〇〇人と圧倒的な兵力の差で、信長が負けるはずがありません。

言うなれば、生まれてきた場所の違いが大きかったのです。この地政学的な差は決定的でした。信長が生まれた尾張は非常に生産量の高い土地だった。また、信長はその後、南近江を手中に収め、上洛しています。戦国時代の近江もまた豊かな土地で、一国で七七万石はあったとされます。南近江だけでも少なくとも二〇万石くらいの生産高はあったでしょう。

さらに上洛した信長は、堺を押さえて、商人たちを通じて鉄砲と火薬を手に入れ

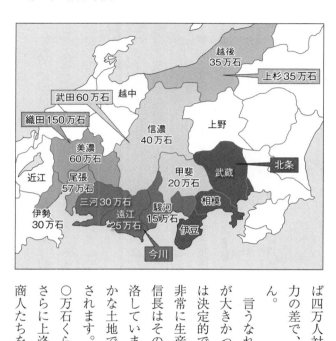

ることに成功しました。

他方、武田信玄はというと、信玄自身は戦国大名のなかでも一、二を争うほどの傑出した人物だったとしても、生まれたところが悪かった。元々の本拠地である甲斐国は海に接しておらず、港がない。港がなければ交易ができないので、最新鋭の武器である鉄砲を手に入れることができないのです。

ですから、先述したように信玄が上杉謙信と約一〇年にわたって戦いを繰り広げたのも、北信濃から越後に入り、日本海に面した豊かな港のある直江津が欲しかったのだろうと思うのです。しかし、とうとう、上杉を退けることはできませんでした。

信玄は上杉を攻めるうえで、もともと相模国の北条氏康《うじやす》、駿河国の今川義元との間に、婚姻関係に基づく軍事同盟を結んでいました。いわゆる天文二三（一五五四）年に結ばれた有名な「甲相駿《こうそうすん》三国同盟」のことです。この同盟は今日でいう和平協定のようなものので、武田、北条、今川の三国は互いに攻め合うのはやめようという取り決めをしたのでした。

これにより、隣接する武田や北条に襲われる心配はないということになった今川は西へと向かいます。隣国の遠江、続いて三河を占領し、やがて信長の尾張へと至り、桶狭間の戦いで敗北します。それが可能だったのも、こうした三国同盟があったからこそ、なのです。

北条は西からの攻撃がないため、関東平定を目論見、武田もまた後ろから攻められないことを前提に、信濃国を攻め、上杉の越後へと迫ることができた。もちろん、戦国の世ですから、この同盟はいつ破られるかわかったものではない。それほどリスクのあるものでした。まさにこれは今日の地政学に通じるものと言えるでしょう。

そして、この同盟を反故にしたのが、武田信玄でした。上杉を滅ぼし、直江津を手に入れることが困難だと悟ると、三国同盟を破り、駿河国に侵攻したのです。駿河は現在の静岡県東部、だいたい静岡市のあたりですが、石高はわずか一五万石しかありません。無理に同盟を破ってまで奪いにいく価値のある土地とは思えないのですが、やはり信玄はどうしても港が欲しかったのだろうと思います。こうして駿河湾に面した江尻を駿河における拠点として、海上交易の足掛かりを作ったのでした。

最新鋭の武器である鉄砲は、もちろん火薬がないと使うことができません。この火薬の原材料はというと木炭、硫黄、硝石ですが、木炭や硫黄は日本では豊富に手に入れることができます。しかし、硝石は日本国内では産出されないのです。のちに硝石を作る技術が確立されて、国内でも生産が可能になりますが、戦国時代においては交易を通じて外国から輸入しないと手に入らない貴重品でした。

つまり、鉄砲を使うにはどうしても交易をするための港がいるのです。ですから、早くに堺を押さえて鉄砲と火薬を入手することに成功した信長はやはり一枚上手です。生まれてきた場所がたまたま豊かな土地だったということも大きいのですが、その地政学的に恵まれた条件を最大限に使いこなすことができたところが、信長の秀でた才覚と言えるでしょう。

このように見てくると、軍事とは経済だとも言うことができるという意味がおわかりいただけたのではないかと思います。やはりリアルな合戦の勝ち負けは、一騎当千の英雄豪傑や奇抜な戦術・戦法によって決まるのではありません。戦いは数であり、それを支える経済がしっかりとしていなくてはならない。リアルな合戦というのは、リアルな経済ということでもあるのです。

明治時代の兵力算定方法

このような「軍事とは経済である」ということをよくよく熟知していたのは、明治政府を作った明治の元勲たちでした。明治時代に入ると「富国強兵」を国家としての一番のスローガンに掲げ、近代化の道を日本はつき進んでいきます。国を富ませ、兵を強くするわけですから、それはまさに「軍事とは経済である」ということです。西洋列強の脅威と渡り合うために、国力を高め、軍事を強化することは明治政府にとって国家的急務だったのです。

明治の元勲たちはそのことをよく理解していた。繰り返しになりますが、「軍事とは経済である」というのは、まず「戦いとは数である」という点が前提です。とにかく多くの兵数を動員できなくてはならない。そのためには多くの兵隊を食わせなければなりません。それで「軍事とは経済である」なのです。

この発想は、いわゆる兵站《へいたん》（ロジスティクス）の問題と大きく関わってきます。兵站とは、いかに兵隊たちをきちんと食べさせるか、ということです。兵糧をきちんと計算に入れていなければ戦争を遂行することはできない。

実際に戦う兵士は、ご飯も食べれば、トイレにもいきます。糞尿の処理をおろそかにすればすぐに病気が蔓延し、戦争どころではありません。戦う前から負けてしまう。兵士たちをしっかりと食べさせ、活動させるには、そうした兵士を養うだけの国内経済をきちんと固めなければならないのです。このような兵站の問題を、明治の帝国陸軍では真剣に議論していました。

明治二六（一八九三）年から明治四四（一九一一）年にかけて、のちに陸軍大将にもなる（この時点では陸軍少将）児玉源太郎《こだまげんたろう》を中心に組織された参謀本部では、『日本戦史』と呼ばれる日本における戦いの歴史書が編纂されました。戦国時代における合戦の推移や政治情勢を分析したもので、「桶狭間役」「大阪役」「関原役」など合戦ごとに分けてまとめられています。たとえば関ヶ原の戦いで石田三成《いしだみつなり》の部隊には何人の兵士がいたのか、その兵士を養うための石高の数に基づいて計算している。当時の帝国陸軍はいかに兵站を重視していたかがわかります。

この『日本戦史』では、「一〇〇石あたりおよそ三人」という兵力算定の公式が採用されています。この公式に当てはめると、一万人の軍勢を養うには、三三万石の領地が必要となります。先に紹介した司馬遼太郎先生が使っている算定公式である「四〇万石あたりおよそ一万人」と近しい数字です。

このように合戦のリアルをきちんと考え、兵站というものを重視していた明治の陸軍は、世代が変わるにつれて、次第にそのリアルがわからなくなっていきました。戦争を遂行するには兵隊を養えるだけの経済力がなければならないという当たり前のことが無視され、次第に、少数の兵力で多数の敵を倒すというような奇襲作戦や精神論のようなものが評価されるようになっていきます。

その後の時代になると、たとえば桶狭間での戦いで織田信長は数の少ない軍勢で、今川義元の大軍を奇襲を用いて破った、といった「伝説」「物語」の類が重要視される。結局、それが太平洋戦争における約三百万人もの犠牲につながっていくのです。

そもそも奇襲というのは、あくまでも常に行うことはできないからこそ奇襲なのです。一回やってしまったらそれ以降は使うことができない作戦です。それを常用の作戦として議論するのはまるで意味がありません。

そもそもですが、織田信長が今川義元を破った桶狭間の戦い自体、私自身は奇襲だったとは思っていません。というのも、当時、今川義元は元々の本拠地だった駿河に加え、遠江、三河と三つの国を領有していました。石高でみると、駿河一五万石、遠江二五万石、三河三〇万石、合わせて七〇万石にしかなりません。「四〇万石あたり一万人」という算定公式で換算すると、まず二万人も動員できないくらいの国力ということになるでしょう。

先ほど述べた甲相駿三国同盟を結んでいるとはいえ、本拠である駿河に全く兵を置かないということはできないので、実際に桶狭間の戦いに動員できたのは、一万くらいが関の山でしょう。

仮に無理したとしても、最大で一万五〇〇〇人程度が限界だったと思います。他方、織田信長のほうはこの時点で一応、尾張の再統一は済んでいます。先ほども述べたとおり、尾張一国で五七万石と言われていますが、流石にこの時点でその全てを信長が使えたとは言えません。とはいえ、一万人くらいの兵はどうにか動員することができたのではないかと想像できます。

このように具体的な数字を計算してみると、実は桶狭間の戦いは織田軍一万対今川軍一万五〇〇〇の、なかなかいい勝負なのです。ですから、実際は奇襲をする必要がなかったのではないかと私は考えています。

仮に桶狭間の戦いが奇襲だったとして、やはり信長がすごいのはそれ以降、二度と同じような奇襲作戦に基づく合戦をやらなかった点です。奇襲はやはり一回限りなのです。その後の信長は、相手よりもたくさんの兵隊を揃えて、最新鋭の鉄砲に代表されるように多くの優秀な武器を揃え、合戦に赴きました。つまり、勝つべくして勝ったに過ぎません。逆に言えば、そこが信長の非凡なところだと言えるでしょう。

こうした兵站を重視する発想を、少なくとも明治の元勲たちは持っていた。しかし、その後の軍部の人間たちは、このような発想を忘れ、軍事のリアルである「軍事とは経済である」ということが見えなくなったのではないか。結果、昭和期の大日本帝国陸軍は、兵糧は全て現地調達すべしとした。戦争の最前線に満足な兵糧も物資も送らずに、最後は精神論にすがり、兵士たちを見殺しにしてしまったのです。

もし太平洋戦争の反省に立つならば、軍事の問題を忌避して遠ざけたままにするのではなく、軍事のリアルというものをきちんと考え、分析することが重要なのではないでしょうか。それが、同じ過ちを繰り返さないための第一歩だと思います。だからこそ、日本史においてもきちんと合戦とは何かを考え、リアルな合戦像に基づく、リアルな軍事の歴史研究を行う必要があると私自身は考えています。

第二章

戦術

ドラマのような「戦術」「戦法」はあり得たか

戦術のリアルを考える

合戦の基本は戦術、戦略、兵站

前章ではそもそも合戦とはどういうものか、合戦の勝敗というのはどのようなかたちで決まるのか、という点についてお話ししました。

本章では、より具体的に合戦というものがどのように戦われるのか、その内実について見ていきたいと思います。

軍記物や小説、マンガ、ゲームなどフィクションとして描かれる合戦においては、独特な戦術や戦法が登場します。そこでは軍師がいて軍配を振り、軍勢を指揮して、巧みに戦術を巡らせ、戦況を一変させる……なんて展開がしばしばあります。しかし、果たしてそんな展開が、リアルな合戦においてあり得たのでしょうか。

本章ではこうした疑問から、戦術や戦略のリアルについて見ていきます。

私なりに戦国時代の合戦というものを考えてみると、

①戦術（タクティクス）
②戦略（ストラテジー）
③兵站（ロジスティクス）

という三点が合戦を遂行する上で重要になってくると思います。

③兵站については前の章でご紹介した通り、いかに戦場の兵士たちを食わせるかというものです。その大前提として、多くの兵士を養うための財力が重要になります。「軍事とは経済である」ということの所以《ゆえん》です。具体的な戦場においては、兵糧や物資などの補給の問題になってきます。この点については、第三章でお話しする城攻めや籠城戦の話とも関連しますので、第三章で詳しくお話ししたいと思います。

それに対して、①戦術とは、戦争を行う場所、どんなところを戦場に選び兵を動かすのかというより限定的な話になります。いわば勝負を直接的に左右するものです。「戦いとは数である」という兵力を重視するのも、その合戦を勝利に導くための戦術の要素のひとつと言えるでしょう。

また②戦略になると、「誰と戦うのか」「どういう展望をもって戦うのか」というより視野を広く取った判断が重視されます。本来、戦国大名にとって周囲は全て敵です。究極的にはそうなると思います。とはいえ、闇雲に戦争を仕掛けても、結局は周りの反感を買い、敵同士が手を組んで一斉にこちらを潰しにかかってくるだけです。

何のために戦うのか。誰と戦うのか。どうすればその戦いは終結となるのか。これが全て戦略の問題となってきます。これは前章で述べた合戦の勝敗の大前提とも直結しています。

前章で甲相駿三国同盟というものを紹介しましたが、たとえば武田信玄はこの同盟を結ぶことで後ろをつかれることがなくなり、信濃の制圧に動き出すことが可能となりました。その先には越後の上杉謙信との戦いがあります。信玄は今川や北条と戦うのではなく、信濃の制圧を選択したことになります。これが信玄の戦略なわけです。

後にこの同盟を反故にして、信玄は今川の領地である駿河に侵攻しますが、同盟を結ぶよりも今川や北条と戦うほうがよいと判断したことになります。これも戦略です。

先述したように、おそらく信玄の目的は海に面した港のある土地を手に入れることだったと思われます。信濃の制圧はその後に越後の直江津を手に入れるための布石だった可能性があり、上杉謙信との戦いでこれが無理と判断すると、今度は駿河を攻め、今川の本拠である駿府ではなく、駿河湾に面した江尻に拠点を置きました。

つまり信玄の目的は「港を手に入れること」であり、信濃の制圧も、上杉謙信との戦いも、駿河への侵攻も、この目的を達成するためだった、ということになります。

こうした戦術、戦略、兵站のうち、本章ではより個々の合戦において重要な役割を果たす戦術について見ていきましょう。

本当に軍師は存在したのか

合戦における戦術を考える際に、読者の皆さんの多くは、「軍師」のような人間がいて、戦術・戦法を考え、戦場の後方で全軍を指揮して敵を倒すというようなものを思い浮かべるのではないでしょうか。

たとえばNHK大河ドラマでも軍師を描いたものがしばしばあります。『天地人』では、妻夫木聡さんが演じる直江兼続《なおえかねつぐ》が主人公でしたが、兼続は軍師として描かれていました。岡田准一さんが黒田官兵衛《くろだかんべえ》を演じた『軍師官兵衛』では、「軍師」と、タイトルにまで入っています。そのほか、内野聖陽さんが武田家の軍師・山本勘助《やまもとかんすけ》を演じた『風林火山』などもあります（山本勘助自体、本当に存在したのか否か議論があり、その実在は定かではありません）。

実は、この軍師という存在が厄介なのです。つまり、果たして日本に軍師は本当に存在したのか、という問題があるのです。

中国では、『三国志演義』に出てくる諸葛孔明《しょかつこうめい》（諸葛亮）などが有名な「軍師」として知られています。中国史にはこのほか、『史記』や『封神演義《ほうしんえんぎ》』に登場する太公望（呂尚）にしろ、漢建国の戦いに登場する張良にしろ、軍師と呼ばれる者が活躍しています。いわば軍師の系譜のようなものが中国の歴史にはあるわけです。

しかし、そもそも諸葛孔明も本当に軍師だったのでしょうか。私たちが諸葛孔明をイメージするとき、その姿は頭に綸巾《かんきん》をかぶり、手に羽扇を持って、基本的には武具は身につけていません。およそ、戦場で戦う武将には見えません。実際に中国史に詳しい方のなかには、諸葛孔明のような軍師が本当にいたのかどうか疑っている人もいます。

まず、押さえておかなければならないのは、おそらく軍師に相当する人物というのは、実際に戦場で戦う武官とは異なる文官だったということです。文官は戦略や戦術を考え、その指揮に携わったと考えられます。

つまり、諸葛孔明のような軍師は、文官でありながら自ら戦場に出ていき、戦争の指揮をしているような人物だったことになります。本当にそういう軍師が存在していたとしても、それは相当に珍しい存在であり、滅多にいなかったのではないかと思われます。孔明のライバルともいうべき司馬《しば》仲達《ちゅうたつ》も軍師ではありません。彼は政治家であり、同時にすぐれた軍人です。プロの軍師という人は少数だったでしょう。

さて、我が国です。日本においてはそもそも武官と文官の違いというのは明確ではなかったという事情があります。

たとえば、鎌倉幕府を開く際に源頼朝はしきりに文官を集めています。鎌倉幕府は基本的には武士の、武士による、武士のための政権ですから、第一は軍事です。これは前章でお話しした佐藤進一先生の「将軍権力の二元論」においても明らかです。そして軍事と同時に、統治的な支配権である政治もまた必須となってきます。

この政治を行うのが文官の役割なのですが、鎌倉武士たちは文字も読めない人間が少なくなかったのです。統治のためにはさまざまな法整備が必要ですから、そのためには文字が読めなくてはならない。つまり文事を担える人材を集めることが急務でした。そのため、頼朝は京都の朝廷に仕えた官僚たちをヘッドハンティングしています。

ところが面白いのは、その文官の子供や孫たちがどうなったかというと、文官職を引き継ぐのではなく、武官になっている人物が少なくないのです。

たとえば、頼朝に請われて、政所の初代別当を務めた大江広元《おおえのひろもと》という人物がいます。彼の息子の一人に、現在の神奈川県の毛利台《もうり》というところにあった毛利荘を有していることで毛利姓を名乗った毛利季光《すえみつ》がいます。安芸の毛利元就《もとなり》の先祖にあたる人です。この季光は、父親が政所初代別当すら務めた文官であったにもかかわらず、武士として生きることを宣言して、戦いの訓練に明け暮れました。のちの承久の乱では木曽川の戦いや宇治川の戦いなどで大きな武功をあげています。

このような例が多いということは、つまり、文官よりも武官のほうが格上だったように思われるのです。

諸葛孔明のような軍師を想定するならば、基本は文官でありながら、戦争にも参加するというような人物が当てはまるでしょう。しかし、日本の場合には、文官の家系は続かず、多くが武官になってしまっている。その結果、武士でありながら法の運用に携わるなど、文官的な役割を担う者になってしまうわけで、これでは純粋な「軍師」とは言い難いわけです。

戦国時代に入ってもそれは変わりません。ですから先ほども挙げた直江兼続なども軍師とは言い難い、むしろ長槍を振り回して戦うような英雄豪傑に近い武将でした。

つまり、日本においては、文官と武官の違いがほとんどないと言ってよいわけです。そのため、諸葛孔明のような純粋な軍師は日本には存在しなかったということになります。

また、一口に戦術と言いますが、たとえば諸葛孔明のような「軍師」が扇や軍配をパッと上げると、まるで野球の監督が指令を出すブロックサインのように、「鶴翼《かくよく》の陣」だとか「長蛇の陣」など、陣形を即座に変えるというものを想像する人もいるかと思います。

集団戦が主流となった戦国時代においては、このような「戦術」は、合戦のあり方を考えれば、単純に無理だとわかるでしょう。

というのも、前章で述べたように、平安時代末期から鎌倉時代にかけて、武士たちの戦い方というのは一騎討ちが基本でした。それはいずれも軍事のプロ同士の戦いです。自ずと兵の数も限られてきます。この国にこの人ありと呼ばれるような有力な武士であっても、せいぜい動員できる兵の数は三〇〇程度だった時代です。

そのような小規模のものでかつ全員が戦いのプロであれば、訓練次第で即座に陣形を変えることもあり得たかもしれません。

しかし、南北朝時代以降、合戦はたくさんの兵数を準備できたほうが勝利する集団戦へとかたちを変えていきます。その際、プロの武士だけでなく、普段は田畑を耕している農民が徴用されたわけです。つまり、戦いにおいてはアマチュアの人たちです。大人数でかつ、満足な訓練を受けているわけでもない軍隊が、急に陣形をあれこれと変えるような戦術を取れるかというと、普通に考えるならば、まず無理でしょう。

よくある戦略シミュレーションゲームならば、ボタンひとつで軍勢を動かし、すぐに陣形を変えたりもできるのでしょうけれども、やはりリアルな合戦ではまずあり得ないと考えるべきです。

島津の釣り野伏せ

集団戦が主流となった戦国時代の戦術で、「島津《しまづ》の釣《つ》り野伏《のぶ》せ」というものがあります。後世に伝えられる有名な戦法ですが、九州の戦国大名・島津家が考案したものとされ、『三国志演義』などにも同様の作戦が出てきます。

この「釣り野伏せ」では、合戦において島津軍が敵方と戦っていると、途中でドンドンドンと陣太鼓が打ち鳴らされます。すると、島津の軍勢は一斉にくるっと反転し敵に背を向けて退却していきます。これを見た敵軍は「島津が退くぞ！　このまま攻め込んで一気に倒せ！」と追撃戦に入っていきます。

こうして敵軍が深追いしてくると、また陣太鼓が打ち鳴らされたり、法螺貝が鳴り響いたりして、今まで逃げていた島津の軍勢が一斉に踵を返し、戦場に戻って戦うのです。そのとき、左右には隠れて待ち伏せしていた別の島津勢が姿を現し、三方から敵を取り囲み、撃退します。

これが「島津の釣り野伏せ」なのですが、合戦のリアルを考えたとき、本当にこのような戦術があり得たのか、という疑問が湧いてきます。

少数精鋭のプロであれば、そこまで複雑なフォーメーションではありませんから、当然可能だったでしょう。しかし、繰り返し述べているように、戦国時代は、最も兵の数が増えた集団戦・総力戦の時代です。このとき、兵隊の大半は、命懸けの戦いに慣れていない農民たちでした。そんな兵隊たちが、「陣太鼓が鳴ったら逃げ出せ」「次にまた鳴ったら振り返って敵と戦え」なんていう命令をちゃんと実行できたのでしょうか。

武士であるならば、死の恐怖を超越して戦う理由がある。けれども農民の本分は田畑を耕すことです。命のやりとりに関してはアマチュアですから、死は恐ろしい。なるべくなら戦場から早く逃げたい。たとえ作戦だからといって、一度敵に背中を見せた時点で、それは敵に無防備な姿を晒すことになるわけですから、死の恐怖にとらわれてしまうのは当然でしょう。そのまま一目散に逃げてしまうのではないか。それがリアルな感覚なのではないかと思います。

繰り返しますが、日本における合戦は、戦国時代に最も兵隊の数が増えました。しかし戦国時代が終焉を迎え、江戸時代に入り太平の世となると合戦のない時代がしばらく続きます。そして幕末になり再び日本国内にさまざまな戦争が勃発するわけですが、それは戦国時代のような数万対数万の軍勢による合戦とは数が異なります。多くて数千対数千の戦いになる。ゼロが一個違うのです。

これはなぜかというと、幕末においては基本的には武士のみが戦を行っていたからです。基本的には、戦国時代のような農民まで駆り出すことは行っていません。

この時代、長州藩の高杉晋作《たかすぎしんさく》が中心となって組織された奇兵隊が特異だったのは、武士の身分ではない人間まで徴用した一種の民兵隊だったからなのです。武士だけが戦を行った幕末という時代からすれば、それは非常に画期的なことでした。

それはその後の近代日本における徴兵制度へと繋がっていくわけですが、言い換えれば、戦国時代に武士以外の人間を軍隊に入れる徴兵がすでに行われていたとも言えるわけです。

昨日まで鋤や鍬を持っていた農民が、槍や刀を持って戦場に放り出されるわけですから、はっきり言って、怖くて仕方ない、逃げ出したいと思うのが当然です。ですからそういう人間で編成された軍隊がそのまま、「島津の釣り野伏せ」のような戦術を速やかに遂行できたのかというと、いささか疑問なのです。

逆に言えば、戦慣れしていない農民を戦わせるための「何か」が必要になります。それが「士気」だと言えるでしょう。英語で言えば「モラール」です。

これは戦闘意欲などの集団の団結の強さを表す言葉ですが、士気が高ければ高いほど、軍隊は戦場においてより活動的に働きます。逆に戦う兵隊の士気が低ければ、素晴らしい戦術・戦法といえども、うまく機能しないわけです。

戦の素人も駆り出される集団戦においては、いかに兵の士気を上げるかが、合戦の勝敗を左右します。次節からは、兵の士気を上げることに戦国武将たちがいかに心を砕いていたのか、見ていきたいと思います。

いかに兵の士気を上げるか

毛利元就の有田中井手の戦い

「戦いは数である」という大原則からすれば、まず強い軍隊の条件は、それだけの兵数を揃えた軍隊であるということです。しかし、その多くが戦いの素人である農民であることを考えると、その次に重要になるのは、戦う意欲に満ちた軍隊であることでしょう。

つまり、士気の高い軍隊をいかに作るかが、戦国大名たちの課題となってきます。

たとえ大きな軍隊を作ったとしても、士気が低ければ付け入る隙も出てくるからです。

そこで例として挙げたいのが、毛利元就の「有田中井手《ありたなかいで》の戦い」です。安芸の有力な戦国大名として名高い毛利元就ですが、この有田中井手の戦いのときはわずか二一歳、しかも初陣でした。

この合戦は、安芸武田氏の武田元繁《もとしげ》が、守護職の権威を取り戻すべく、尼子《あまこ》氏と手を組んで侵攻してきたことに端を発します。元就は吉川氏とともに、武田氏を迎え撃ちました。

有田中井手の戦いにおける双方の軍勢はどれくらいだったかというと、これも算出が難しいのですが、毛利軍は援軍も含めて一〇〇〇はいないくらいのものだったと言われています。「四〇万石で一万人」という公式に当てはめるならば、だいたい元就は多くとも四万石くらいの戦国大名だったことになります。武田軍の場合は、毛利軍の四～五倍ほどだったとされますので、多くて五〇〇〇人くらいだったと考えられます。

一〇〇〇対五〇〇〇ですから、「戦いは数である」という大原則で考えるならば、毛利軍は圧倒的に不利なわけです。

にもかかわらず、奇襲作戦など特殊な戦法や戦術を駆使したわけでもなく、両軍は正面からぶつかり、毛利軍は武田元繁を討ち取って勝利してしまいました。

なぜ毛利軍は数では劣っていたのにもかかわらず、勝利できたのか。戦術的にも特に目立った一手を打ったわけではありません。そうなると、やはりやる気の問題、すなわち兵の士気の問題だったのではないかと思います。

毛利元就は、たとえわずか一〇〇〇の軍勢だったとしても、士気の高い軍隊を作ることができた。他方、武田元繁の軍隊はそれほど士気が高くなかった。

結果、兵隊の数の差を埋めてあまりあるほどの活躍を毛利軍は見せます。これによって何かの拍子に戦況が逆転してしまう、ということもままあることなのです。

こうした合戦の有り様を見るときにやはり考えなくてはならないのは、実際に戦争とは何が起こるのかわからないということです。

江戸時代、肥前国平戸藩の藩主だった松浦静山《まつらせいざん》は、『甲子夜話《かっしやわ》』という書物を残していますが、そのなかで彼は、「勝ちに不思議の勝ちあり、負けに不思議の負けなし」と言っています。この静山の言葉は二〇二〇年に亡くなった元プロ野球監督の野村克也さんが自身の著書でよく用いたことで有名になりました。

要するに負けたときは、なんで負けたのかきちんと分析して反省する。負けて嫌な気分だな、むしゃくしゃするなといって酒を飲んだりして憂さを晴らすだけでは何もならない。次に負けないために、今、負けた要因をきちんと考えて明らかにする。けれども、勝ったときはどうか。勝負事で勝つというのは、時に不思議な力が働いて、何かの拍子で勝利してしまうことだってある。負けは負けるべくして負けるわけだけれども、勝つときは不思議と劣勢であっても勝ってしまう。そういうことを勝負の世界で生きていた野村さんは、静山の言葉を借りておっしゃっていたわけです。

このような勝負の世界観で言うならば、戦いはどんなに分析してあらゆることを想定して臨んでも、最後は何が起きるかわからない。それが、有田中井手の戦いの結末によく現れているのではないかと思うのです。

五〇〇〇対一〇〇〇ですから、数の上では圧倒的です。数で圧倒しているから楽勝だと思ったのか、そこに武田元繁の慢心が生まれたのかもしれません。その結果、何かのはずみで、首を取られて、負けてしまった。

戦いというのは本当に何が起こるかわからない。下手をすると当然、死んでしまう。戦国武将たちは皆、そのことを意識していたのだろうと思います。

武士たちが率先して戦った合戦のリアル

有田中井手の戦いで、毛利元就が兵の士気を高めるために何をしたのか、そこのところはわかりません。しかし、一〇〇〇人の兵が五〇〇〇〇人の兵を破るくらいのやる気を引き出す何かをやったのだろうとは思います。

たとえば、『三国志演義』などで、英雄豪傑が馬を駆り、青龍刀をぶんぶんと振り回して「我に続けーっ！」と先陣を切って突撃をかけるのは、味方を鼓舞するためです。兵の士気を上げ、やる気を引き出す意味を持っていたのだと思います（もちろん、日本の戦国時代のように鉄砲が合戦に用いられると、このような先駆けはできなくなりますが）。

士気を上げるということでいえば、第一章でも取り上げた小規模の軍隊ながら非常に合戦に強かったと言われる立花宗茂という武将がいます。筑後国の柳川に本拠のあった武将で、領地としてはおよそ一〇万石、どんなに頑張っても三〇〇〇人くらいしか兵を動員することはできませんでした。それにもかかわらず、非常に合戦には強かった。三〇〇〇人規模の合戦なら、おそらく日本一強かったと言われるほどです。

実際に調べてみると、立花軍というのは今日で言えば軍隊の中堅である将校クラスの武将たちの戦死率が異様に高かったのです。

つまり、いざ合戦の際には、プロの武士たちが率先して最前線に出ていたということを意味しています。武士が率先して命を張って戦い、それに鼓舞されて農民兵たちも戦うということです。近代の戦争から考えると、将校クラスがわざわざ体を張って戦うなんて馬鹿げた話だと思うかもしれませんが、主君のために命を捨てて戦うということはそれだけで合戦の勝敗を左右することだったと言えるのかもしれません。

武士たちの独自のルール

本書で繰り返し述べているように、自分の命を何かのために捨てるということは、本来であれば非常に難しいことです。それは戦闘のプロである武士にとっても余程のことでした。だからこそ、武士道のようなものが鎌倉時代の昔から存在していたのです。どういう振る舞いをすれば武士として素晴らしいのか、どんな武士が「武士の鑑」として讃えられるのか、そんなことを武士が登場してきた頃からずっと言われてきたのです。

鎌倉時代の当時は、兵《つわもの》の道と呼ばれるもので、一言で表せば、やはり「命を惜しまずに戦え」という一点に尽きます。

そのような武士の道徳をもって、自分たちをお互いに鼓舞しなければ、なかなか命を賭して戦うことができなかったのは、前章で述べた通り、日本人の文化や信仰が大きく関わっているのかもしれません。

また、たとえ負けて死ぬとわかっていても、武士であれば戦わなければならない局面がいくつもあったことは想像に難くありません。

たとえば、婚姻関係によって縁続きとなっている家の人間が戦を起こした場合、勝敗は度外視しても味方につかなければならない、という不文律のようなものが武士たちにはありました。具体的には妻の実家ということになるわけですが、妻を娶《めと》るということは他家である妻の実家が戦いに巻き込まれたとき、婿として自分も戦いに出なければならないという責任が生じるのです。

先述した大江広元の息子・毛利季光は宝治元（一二四七）年に起きた宝治合戦で戦死（自刃）しています。

この合戦は、当時の鎌倉幕府内で一、二を争う勢力であった北条氏と三浦氏の確執によって引き起こされた戦です。『吾妻鏡』によれば執権の北条時頼《ときより》が外戚である安達氏と共謀して、三浦氏に挑発を繰り返し、開戦に至ったとされています。

ともあれ、当時の勢力図からすると、執権として力をふるった北条氏のほうが三浦氏よりも一枚も二枚も上手だったわけです。もし、勝ち馬に乗ろうとするならば北条側に付くほうを選ぶでしょう。

しかし、毛利季光の妻は三浦の娘でした。そのため妻の実家である三浦氏の味方をすることが、武士の理《ことわり》だったのです。合戦の直前に将軍御所へと向かっていた、つまりは北条陣営に加わろうとしていた季光は、その道すがら「妻の実家である三浦を見捨てることは武士のすることではない」と決心し、踵を返して三浦方につきました。そして、最後は源頼朝の墓所である法華堂で自刃することとなります。

縁を結んだからには、その縁を守るために自分の命は度外視し身を投じていかなければならない。それを破った者は武士の風上にも置けない人間である。これが当時の武士たちによって共有されていた価値観、道徳観だったのです。

「人命は地球よりも重い」と発言した首相が過去にいましたが、人命第一の今日の倫理観からすると、このような武士の理はおよそ理解できないかもしれません。しかし、武士に限っていえば、人命よりも尊重すべきもの、自分の命を賭してまで守るべきものがあったのです。逆にそれを守らないで、自分の命の心配ばかりしていることは武士として許されないことでした。

主従関係のなかで言えば、自分の命よりも大切なものとは主人への奉公なわけですが、もっと大きな枠組で考えると、それは「家」になります。家の存続こそ、自分の命を二の次にしてでも守るべきものだったのです。

ですから、「有田中井手の戦い」において、五倍の兵力を誇る武田軍と勇猛に戦った毛利氏の家来たちは皆、主君である毛利家の存続を第一に、命懸けで戦ったのでした。

このように武士たちが命懸けで戦うようにするためのルールや価値観が、鎌倉時代の初めからあったということです。それはつまり、命懸けで合戦を遂行する士気を高めるための決まり事だったと言えるかもしれません。繰り返しになりますが、この辺りの基本がわからないと、やはり合戦のリアルは見えてこないのです。

敗走する敵を追う追撃戦で、死者は激増した

このように武士であれば自分の命をかけても守らなければならないものがあるという

価値観を共有し、死を恐れないように鍛錬をすることで、ある程度、合戦における恐怖というものを克服することができただろうと思われます。

先ほども兵の道ということを述べました。江戸時代に佐賀藩の鍋島氏の家臣・山本常朝《やまもとつねとも》の談話に基づいてまとめられた『葉隠《はがくれ》』という書物によって「武士道」というものは語り継がれるようになります。同書に収められた有名な一文「武士道と云うは死ぬ事と見付けたり」からもわかる通り、武士であることと戦場で死ぬことはほとんど同義であったと言っても過言ではありません。

戦場で命潰えるとして、実際にはどんな死に方が多かったのでしょうか。

調べてみると、特に戦国時代以降の集団戦・総力戦において最も多いのは、鉄砲で撃たれることでした。二番目に多いのは弓矢を射かけられること。三番目は、馬に踏みつけられること。

やはり戦国時代以降の集団戦では、死ぬことが怖くて仕方のない農民が加わっているわけですから、実際に刀を持って接近戦で斬り合って死ぬということは少なくなります。それよりもいかに遠くから、命のやりとりをしている実感と恐怖を薄めながら戦うか、ということが重視され、鉄砲や弓矢などがメインの攻撃方法となっていたことが、その死因からよく分かります。

もっと言うと、双方が死ぬ気で戦って勝敗が定まらないうちは、あまり死者は出ないようなのです。

しかし、勝敗が決し、一方が退却すると、優勢だったほうは「根こそぎ殺してしまえ！」と敗走する敵を後ろから攻撃します。そうなると一気に死者が増えるのです。命のやり取りに慣れていない農民たちがこのときばかりは気が大きくなり、どんどんと敵の首を取るのです。これがいわゆる追撃戦です。

このように戦いのアマチュアである農民たちを戦場に駆り立て、戦わせるにはさまざまな条件が必要なようです。農民たちの戦における「士気」の問題は、改めて第四章で見ていきたいと思います。

奇襲戦のリアルを考える

いかにして少数が多数に勝つか

合戦の大原則は、「戦いは数である」。でもだからこそ、毛利元就の有田中井手の戦いのように、少数が多数を打ち負かすような合戦は注目を集めます。

有田中井手の戦いの場合、何か特別な戦術が実行されたわけではないことは前節で述べた通りですが、少数が多数を打ち負かす場合には「奇襲」だったと考えられることが多いでしょう。本節ではもう少し、この奇襲戦のリアルというものを見ていきたいと思います。

奇襲戦の最たるものと言えば、第一章でも述べた桶狭間の戦いにおける織田信長の奇襲でしょう。私自身はきちんと石高で考えると織田軍一万対今川軍一万五〇〇〇くらいの割と拮抗した戦いだったと考えているのですが、仮に『信長公記《しんちょうこうき》』などにあるような織田軍二〇〇〇～三〇〇〇、今川軍四万五〇〇〇という圧倒的な大差の軍勢同士で行われた戦いだったとしましょう。

そんなときに少数の織田軍はいったいどのような奇襲に出れば、今川の大軍を倒すことができたのでしょうか。

兵力差をひっくり返す奇襲とはどんなものだったか、私の大学時代の後輩にテレビの制作会社に勤めている人がいて、彼が手がけた『風雲！ 大歴史実験』というNHKの番組で一度、検証してみる機会がありました。

この番組は歴史上の戦いや事件を題材にして、実際にそのやり方が可能だったのかどうか、実験してみるという趣旨のものでした。源平の合戦における「一ノ谷の戦い」や「川中島の戦い」などを実際にシミュレーションをして、検証してみたのです。

「桶狭間の戦い」の検証は、織田軍約二〇人、今川軍約五〇人のチームに分けての旗取り合戦のかたちで行われました。

今川義元役の大将がいる本陣に旗を立てて、織田軍はこれを奪取すれば勝ちです。大将ではない人は頭に紙風船をつけてもらい、手に持ったスポンジ製の刀で割られたら戦線離脱。場外に出てもらうというルールです。今川軍は旗を守り、織田軍を全滅させれば勝ちです。

織田軍のほうには全員にトランシーバーを装着してもらい、大将の信長役の人から指示が伝わるようにしました。数で上回る今川軍はトランシーバーはなしです。

つまり織田軍は指示命令系統がしっかりしている少数精鋭部隊を想定し、対する今川軍は数では圧倒しているけれども指示命令系統は満足ではない部隊ということになります。

いざ、実際にスタートしてみると、今川軍は大きな声を出したり身振りで指示を出したりはできますが、的確に伝えることはできません。一方、織田軍は的確な指示のもと、どんどん攻め上がり、あっという間に本陣まで達し、旗を奪いました。織田軍の圧勝でした。命令系統がちゃんとしていて、的確な指示を受けて戦うことができれば、かなりの兵力差を簡単にひっくり返すことができるのです。

だとすると、指示命令系統がしっかりとした少数精鋭で士気の高い部隊ならば、毛利元就の有田中井手の戦いのように、数は多いけれども烏合《うごう》の衆にすぎない部隊を倒すことも十分にあり得るのです。

桶狭間の戦いで、仮に織田軍が今川軍に比べて圧倒的に少数だったとしても、軍隊の編成や情報伝達のスピードと正確さによってはこれを打ち負かすことができたと言えるでしょう。

実際に、織田信長は母衣衆《ほろしゅう》というものを編成し、自分の命令を速やかに全軍に伝えられるよう、命令系統をきちんと整備していました。背中に母衣をたなびかせて、戦場を駆けた伝令係で、黒母衣衆と赤母衣衆とがあったと伝わります。黒母衣衆には佐々成政《さっさなりまさ》、赤母衣衆には前田利家などがいたとされています。あるいは武田軍にも百足衆《むかでしゅう》という情報伝達を担う者たちがいました。百足が描かれた兜を被っていたと伝わります。

合戦においては、いかに有利な場所に陣を張るかが重要になることは言うまでもありません。少し小高い丘や小山の上に陣を張り、上から戦場が一望できることが望ましい。そういう陣地の取り合いもまた合戦の勝敗を決める要素のひとつでした。

そうして、大将は戦局を見極め、母衣衆や百足衆などの情報伝達将校たちに指示を出し、的確な指示を配下の軍勢に飛ばしていたのです。

合戦においては「戦いは数である」という大原則に変わりはありませんが、こうした指示命令系統のシステムをちゃんと構築できているかどうかというのも、その部隊の強さ弱さに直結してくると言えるでしょう。

こうした部隊編成もまた、重要な戦術のひとつであり、あるいは戦術をきちんと遂行するためにも大切な要素なのです。

軍隊編成のリアル

同じくＮＨＫの『風雲！　歴史大実験』で検証したものに、部隊編成の違いというものがあります。弓隊や槍隊、鉄砲隊といったように武器別に部隊を編成したチームと、弓、槍、鉄砲を持った者が混在して部隊を成すチームとに分けて競わせてみました。すると圧倒的に武器別に部隊編成したチームのほうが強かったのです。

合戦屏風などを見ると、弓隊、槍隊、鉄砲隊、騎馬隊と武器別・兵種別に整然と編成されているのが分かります。

しかし、このようなことが本当にあったのでしょうか。

この部隊編成のやり方について考える際に参考になるのが、戦国時代の武将がどのように兵を集めたのか、その徴兵の根拠を見てみることだと思います。

戦国時代における徴兵の決まりはというと、先述したようにその財産（石高）に応じて兵士を出すことになるのですが、これがわかる記述が『結城氏新法度《ゆうきししんはっと》』という史料にあります。

これは下総国結城（現在の茨城県結城市）の城主・結城政勝《まさかつ》が制定した家法を記録したもので、結城家の取り決めによると、「五貫の耕地（一反五百文として一町）を持つ者は侍に徒歩でしたがえ、十貫（二町）の者は馬に乗ってしたがえ、一五貫（三町）以上の者は侍として参上せよ」とあります（五味文彦、本郷和人『中世日本の歴史』放送大学教材より）。すなわち、五貫の農地を持っている者は足軽として戦いに参加しろ、一〇貫持っている者は馬と共に騎兵として戦いに参加しろ、一五貫以上持っている者は自分が侍として戦いに参加しろ、と定められていました。

また、これが相模国小田原の後北条《ごほうじょう》氏の場合は、「七貫ごとに兵士一人を負担」という取り決めになっていました。

つまり、結城氏だと五貫、後北条氏だと七貫に兵士を一人負担というのが基本になるわけです。先述したように五貫とは土地でいうと大体一町くらいです。つまり一ヘクタールほどになります。これくらいの土地を持っている家はこれくらいの人と武器を負担しろという大名家ごとの取り決めがあったわけです。

仮に後北条氏の取り決めで考えると三五貫の土地を持っている者は五人兵士を出さなければいけません。自分がそのうちの一人となり馬に乗る。残りの四人は家来から出し、一人には槍を持たせ、もう一人には弓を持たせ、最後の一人には旗を持たせる、という按配です。また規模の大きな家からは「鉄砲一丁」を負担なんていう場合もあったことでしょう。

家々から徴兵されたのち、戦場ではこれが兵種別に編成されたということになると、それぞれの家から来た兵士はばらばらにして配置されることになります。このような編成をすると、仮に各家から寄せ集めの部隊が手柄を立てたとして、一体どの家が褒賞をもらうことになるのでしょうか。

主人と家来の主従関係とは御恩と奉公の関係であると第一章で述べましたが、戦場へ行く理由はやはりそこに褒賞があるからです。そして、褒賞は各家単位で行われるものです。各家から来た兵士をばらばらに配置すると、褒賞を与える際に判断に困ってしまうのです。

ですから、兵種別の編成とはあくまでも机上の空論にすぎない。リアルな合戦においては、そんな編成の仕方はまずできなかったのではないかと考えられるのです。

挟み撃ち――信長の越前攻め

追撃戦は敵に背を向けたところを叩かれるわけですが、これに関連して「挟み撃ち」という戦術があります。「挟み撃ち」は普通に戦うよりも相当に効く戦術だったようで、その好例が、織田信長の「越前攻め」だろうと思います。

信長は上洛を果たした後、三万という大軍を率いて越前国の朝倉義景《あさくらよしかげ》を攻めています。今川義元と桶狭間で戦った頃とは違って、すでに信長はそれだけの兵を十分に養えるくらいの領地を持っていましたので、数に大きな誇張はないだろうと思います。

対する朝倉義景は越前一国を持つ大名ですから、一万くらいの軍勢を準備することはできたと考えられます。前述したように桶狭間の戦い以降、信長は少数で多数を倒す奇襲戦に頼ることは二度とありませんでした。そのような一か八かの戦いよりも、数で圧倒して勝つべくして勝つ戦術を選択しています。その意味では織田軍三万対朝倉軍一万は妥当な数字だと思われます。

織田軍は現在の敦賀市にあった金ヶ崎城を攻めます。金ヶ崎は越前の防衛の重要な拠点のひとつで、越前を攻める際は必ず通らなければならない場所です。幸先よくこの防衛拠点を攻め落とすと、この勢いで朝倉義景のいる越前平野になだれ込もうとした矢先、浅井長政が裏切り、突如として信長軍に対して挙兵に及んだのです。

琵琶湖の東岸、現在の滋賀県長浜市の小谷城あたりを本拠とする浅井長政《あさいながまさ》は、信長の妹・お市の婿で、婚姻関係に基づいて、織田家と同盟を結んでいました。信長は浅井との同盟関係があるからこそ、後ろからの攻撃というリスクを取り除き、越前の朝倉を攻めることができるわけです。

また、当時、信長は美濃を本拠としていました。浅井長政の小谷城周辺はちょうど、京都と美濃の中間地点に当たりますから、美濃―京都間を行き来する際には浅井を味方

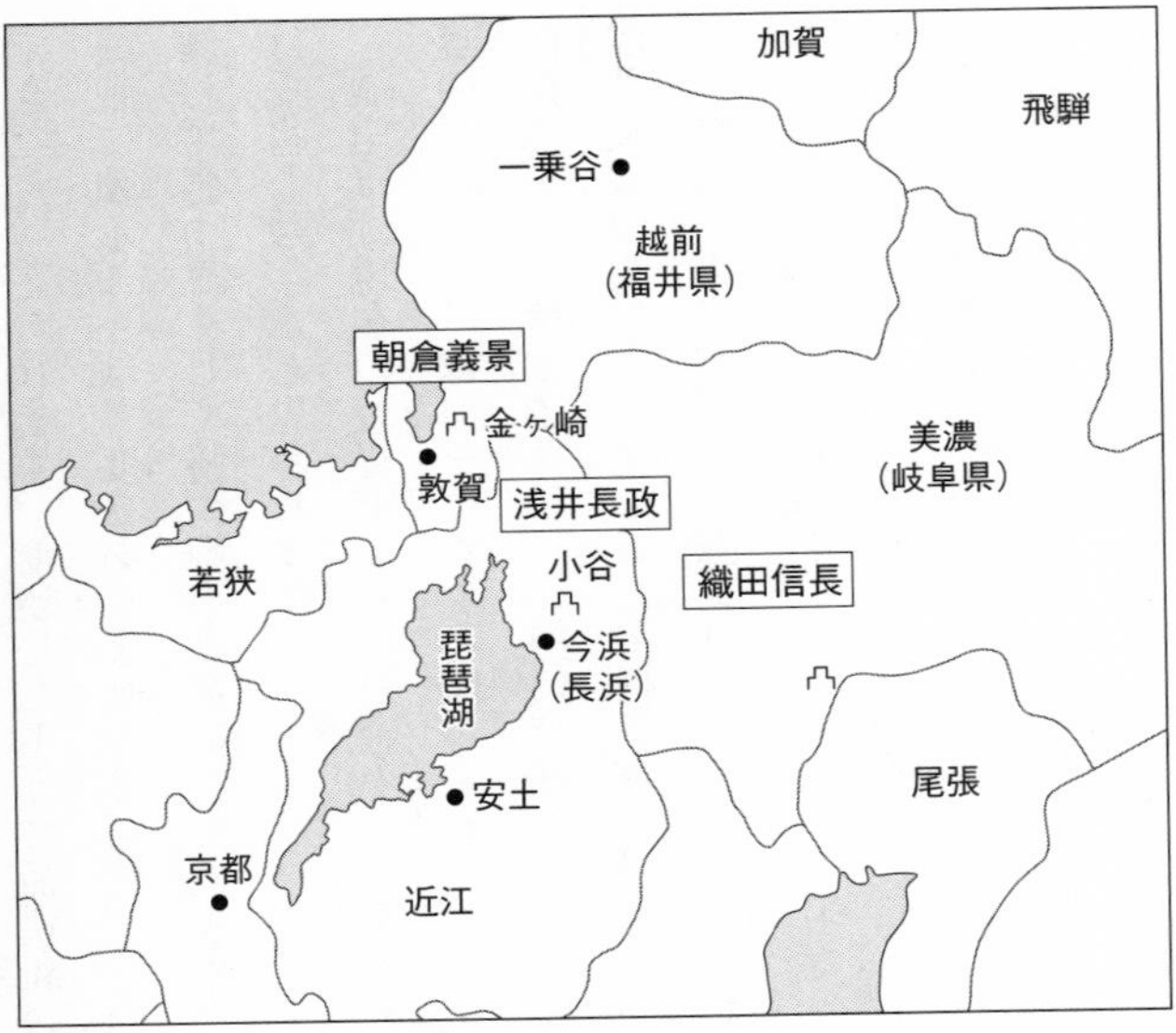

につけておくことは非常に重要な戦略でした。

しかし、いざ信長が朝倉を攻めたときに、長政は義理の兄を裏切ったのです。浅井から見れば、織田軍はまるで後方がガラ空きの状態でした。信長もよもや自分の妹婿に後ろから襲われるということはあるまいと考えていたのでしょうか。こうして金ヶ崎城を占拠していた織田軍に対して、小谷城から浅井軍が進攻を始めました。このときの浅井長政の軍勢は多く見積もっても五〇〇〇と言われています。

つまり、前方からは越前の朝倉義景の軍勢一万、後方からは浅井長政の軍勢五〇〇〇というかたちで、織田軍は挟み撃ちにあったわけです。このとき織田軍は挟み撃ちにあうことを殊更に警戒し、両軍と戦うことなく一目散に退却することを選択しました。

ここで疑問なのは、本書で再三にわたり論じてきた「戦いは数である」という大原則です。織田軍三万に対して、朝倉・浅井は合わせて一万五〇〇〇。数では織田軍がまだ圧倒しています。ですから信長は兵を二つに分けて、朝倉軍一万に対し二万の軍勢、浅井軍五〇〇〇に対して一万の軍勢で戦っても数的優位に変わりはありませんから、十分に戦えたのではないでしょうか。

それにもかかわらず、信長は慌てて逃げている。いったいそこにはどんな理由があったのでしょうか。

信長が本隊を引き上げ、京都へと逃走する際には背後から攻め込まれないよう、殿《しんがり》として金ヶ崎城に木下藤吉郎《きのしたとうきちろう》（のちの豊臣秀吉）、明智光秀《あけちみつひで》、池田勝正《いけだかつまさ》らが残り、攻めてくる朝倉軍を食い止めました。彼らの武功のおかげで、信長は京都へと逃げ帰り、九死に一生を得たとされています。

このとき、なぜ信長は撤退を余儀なくされたのか。仮説を立てるならば、ひとつは兵站の問題があったのではないかと想像することができます。三万人の軍勢を食べさせるために、美濃から兵糧や物資を金ヶ崎城まで運んでいたとすると、浅井軍が裏切った時点でその補給路が絶たれるわけですから、かなりまずい。三万もの大軍はたちまちに干上がってしまうわけです。ですから信長が兵站を重視したとすれば、早期に撤退を決断したというのもわからなくはありません。

もうひとつの仮説は、「挟み撃ちは相当に効く戦術だった」というものです。たとえ圧倒的な兵力差であっても、挟み撃ちにされると挟まれた側はその兵力差がひっくり返るほどのダメージがあったのではないか。そう考えると信長が撤退を選択したのも頷けます。しかし、そうなると「なぜ、挟み撃ちは相当に効く戦術なのか」という問題が残ります。

ここにこれまで軍事というものをタブー視してきた歴史学の問題がもろに顕在化してきてしまうのです。この点はまさに学問的な空白なのです。

たとえば本当の軍事の専門家からすれば、もしかしたら「挟み撃ちはヤバい」というのは「何を今更」と言われるほどの常識なのかもしれません。そんなことですら、これまで軍事に関する研究を怠ってきた日本の歴史学においては議論されていないのです。

軍事行動に関しては、防衛大学や自衛隊などに専門家がいるわけですから、本来であればそのような人たちと歴史研究者は共同研究をしなければならないでしょう。

ところが、本書の冒頭でもお話ししたように、皇国史観と強く結びついた軍部の失敗と敗戦の反省もあって、「自衛隊」「防衛大」「軍事」と聞くだけでアレルギー反応を起こしてしまう。その結果、日本の歴史学においては、軍事はいつまでも「学問的空白」として残ってしまっているのです。

改めて、軍事を専門とする研究者やスペシャリストたちとの共同研究の可能性が模索されるべきだと私自身は考えています。

北条氏康による河越夜戦

本章の最後にもうひとつ、有名な奇襲戦についてお話ししたいと思います。先にお話しした「桶狭間の戦い」とともに、毛利元就による「厳島の戦い」、そして北条氏康による「河越城の戦い」は三つ合わせて、日本三大奇襲戦と呼ばれるほどに有名な合戦です。

ここでは三番目の「河越城の戦い」について見ていきましょう。

というのも、先述したように地に足のついた計算をすれば、「桶狭間の戦い」は、本当は拮抗した軍勢同士による戦いであり、そもそも奇襲戦ではなかった可能性があると私は考えています。また毛利元就が行ったとされる「厳島の戦い」についても、実は元就ではなく村上水軍によるものだったというような諸説があり、実態は定かではありません。

他方、三番目の「河越城の戦い」は「河越夜戦」とも呼ばれますが、これについてはほぼ「奇襲戦」だったと認めてよいのではないかと思います。ですから、ここではこの「河越夜戦」を取り上げて、改めて奇襲戦の実態を見ていきたいと思います。

この河越城とは武蔵国の中心となる城であり、ここを押さえることができれば、武蔵国一帯を手中に収めることができるのです。この河越城の領有をめぐって争ったのが、相模国の北条氏康と関東管領の上杉氏でした。

北条氏、ここでは鎌倉幕府の執権を務めた北条氏ではなく、戦国大名の後北条氏のことですが、初代・北条早雲《そううん》、二代・北条氏綱《うじつな》の活躍でほぼ相模一国の支配を確立していました。三代・北条氏康の代では、のちに駿河の今川義元、甲斐の武田信玄（この時点では武田晴信《はるのぶ》）と甲相駿三国同盟を結びますが、「河越夜戦」の時点ではまだ、同盟は結んでいません。そのため当時、北条と今川は駿河の東側の駿東地方の領有をめぐって争っていました。

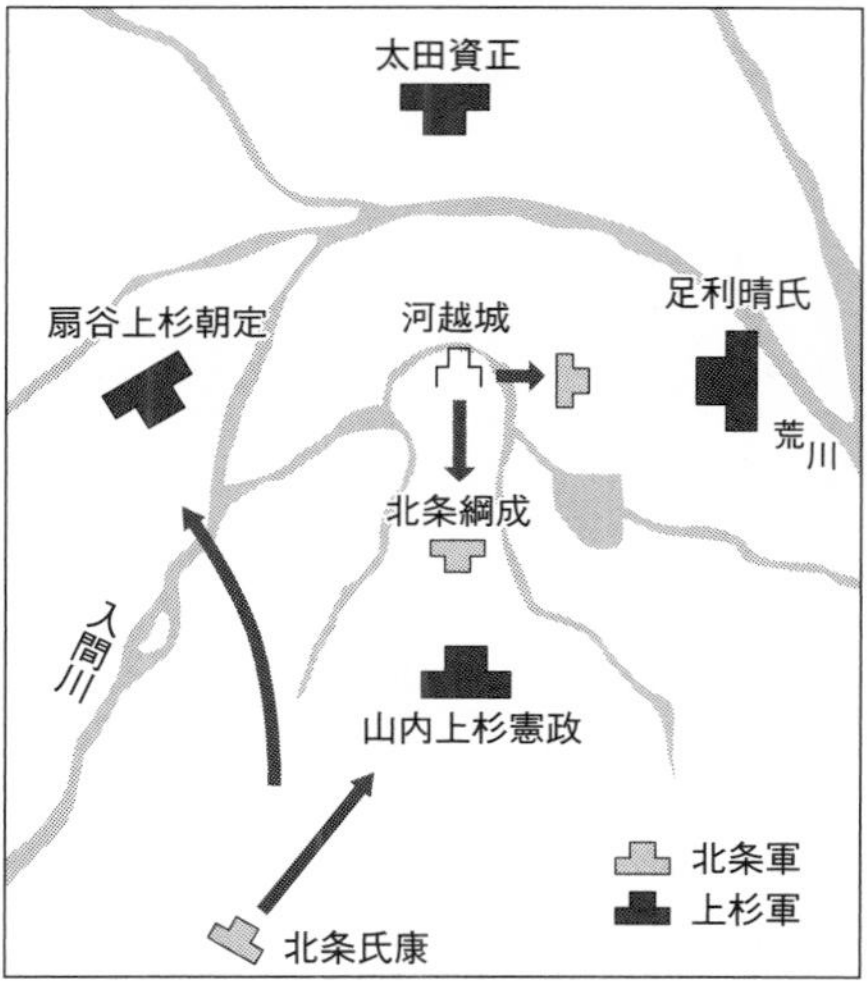

また関東には、関東管領である上杉氏の本家である山内上杉家とその分家である扇谷《おうぎがやつ》上杉家という二大上杉勢力がいました。この二つの上杉家が手を組んで、武蔵国・河越城に大軍で押し寄せてきたのです。

このとき、河越城は北条綱成《つなしげ》という武

将が守っていました。彼は「地黄八幡《じきはちまん》」の闘将とも称されるほどの武将です。少ない軍勢で籠城戦を戦い、なんとか持ち堪えていたのです。上杉の軍勢は、のちの上杉謙信の侵攻の際もそうですが、だいたい一〇万の軍勢と言われています。関東の、上杉の息がかかった大名を合わせての数だとされますが、実際の数字は定かではありません。

ともかく、そのような大軍で河越城を取り囲んでいるような状況です。北条綱成も籠城戦で耐え忍びながら、今川と交戦中の北条氏康に救援を要請しました。知らせを受けた氏康は、今川と停戦条約を結び、河越城へと向かいます。

上杉の軍勢は、数で圧倒しています。落城するのも時間の問題と考えたのか、気持ちの緩みから、上杉勢は皆、酒盛りをしていました。

そこに士気の高い本隊を率いた北条氏康がやってきて、籠城している北条綱成と連絡をとりながら、夜襲を仕掛けたのでした。酒盛り中の上杉軍は完全に不意打ちを食らい、慌てふためき、戦意喪失の状態となって散り散りとなります。

この戦いで扇谷上杉家の当主・上杉朝定《ともさだ》は討死し、山内上杉家の当主・上杉憲政《のりまさ》も命からがら、武蔵国から上野国へと逃れています。その後、対北条氏のために越後の長尾家に白羽の矢が立ち、長尾景虎、すなわち上杉謙信による関東遠征が行われるわけです。

それはともかく、河越城を包囲していた大軍を少ない軍勢で夜襲によって打ち倒したのが、この「河越城の戦い」、すなわち「河越夜戦」でした。

これは先にお話しした毛利元就の「有田中井手の戦い」と同様に、兵力差を逆転させた合戦のひとつとも言えます。やはりそこには士気の違いがあったのだろうと予想されます。

夜襲という敵の不意を打つ作戦が功を奏したということもありますが、そのような戦術をきちんと遂行するには、やはり兵の士気の高さが不可欠だと思われるからです。

アマチュアの農民兵が怖気付いて逃散しないように、プロである武士が率先して前に立ち、部隊全体を鼓舞する。そうすることで士気は高まり、より奇襲戦の成功確率が上がる。

おそらくこのような奇襲戦が少ないながらもあったからこそ、皇国史観全盛の戦前・戦中においては、この「少数が多数を破る」「柔よく剛を制す」という物語にすがる傾向が軍部に生まれてしまったのだろうと推測します。

しかし、繰り返しになりますが、奇襲戦というものは、いつでも使えるものではありません。稀なものだから意味を持ちます。だからこそ、織田信長は桶狭間の戦い以降、奇襲戦に打って出ることはありませんでした。

そのような性質を理解せずに、常用の作戦として用いれば、それは奇襲でもなんでもありません。結局、無謀な策に過ぎないのです。

あくまでも合戦の大原則は「戦いは数である」。この前提があってこそ、奇襲は成り立つのです。

第三章

城

城攻め・籠城・補給・築城

なぜ城攻めをするのか

城攻めの研究――「縄張り派」vs「文献派」の戦い

本章では合戦のなかでも城攻めについて見ていきたいと思います。日本の歴史学において、軍事研究というものがひとつの空白であったということは前述したとおりなのですが、城全般について研究する城郭研究というものもアカデミックな専門研究としてはまだ日の浅い分野になります。

私がまだ学生だった頃、当時は奈良女子大学、後に大阪大学名誉教授となられる村田修三先生などの研究者がパイオニアとして始められたように記憶しています。つまり、それ以前には在野の方々を中心に進められてきたのが城郭研究でした。

城郭研究では、その研究傾向や主張を見てみると、「縄張り派」と「文献派」に大きく分かれるようです。

前者の「縄張り派」とは、研究対象であるお城の領域、つまり縄張りというものを復元してみる。現地を調査し、お城自体が本来はどんな格好をしていたのかを紙面上で再現して、城郭について論じます。他方、後者の「文献派」というのは、史料を通して城郭がどのようになっていたのかを考え、論じます。またさらに考古学的に実際に掘ってみて研究する立場もあり、お城については在野を中心にさまざまな意見が交わされて今日に至ります。

その立場の違いが鮮明に表されているのが、城郭研究ではよく知られた「杉山城問題」というものです。

現在の埼玉県に杉山城という戦国時代のお城がありました。伝承などはあるのですが、縄張り派からは後北条氏の城ではないかと言われています。ところが、出土品などを調べた考古学調査からすると、後北条時代の遺物は発見されず、むしろそれより前、山内上杉氏のものだったのではないかとされています。史料から検証すると、これもまた後北条氏のものではないということになり、後北条氏か上杉氏か、縄張り派と考古学研究、文献派の間で見解の相違が生まれ、論争となっているのです。

このように城郭研究にも様々な立場があるわけですが、それは合戦の研究の場合と同じく、どうしても特定のお城に関する細かな議論に陥りがちで、そもそも「城とは何か」「城を攻めるとはどういうことか」という本質的な議論はあまりなされていないのが現状です。

城郭の研究をされている方には、たとえば、フリーライターの西股総生《にしまたふさお》さんなどがいらっしゃいます。大学などの研究機関で専門的に研究されている方ではないのですが、非常に興味深い発言をされている。西股さんは、近年、中世の城郭に関する本質的な問いかけもされていて、私自身とても尊敬しています。

一方の、いわゆるアカデミズムといわれる大学などでは、城郭をめぐる本質的な議論はほとんどされていないのが実情だと思います。

なぜ城攻めをするのか①──徳川秀忠の場合

合戦ということに絡めて城郭に関して言うと、私が非常に気になっているのは、「防衛施設である城に対して、攻め手は多大な犠牲が出るとわかっているにもかかわらず、なぜ攻撃を仕掛けるのか」というそもそもの話でした。つまり「城攻めはコスパが悪いのに、なぜ？」ということです。

ここでは対照的な例として、関ヶ原の戦いにおける徳川秀忠《ひでただ》のケースと前田利長《としなが》のケースを取り上げてみましょう。

まず、徳川秀忠の場合です。天下分け目の合戦となった関ヶ原の戦いでは、東軍の大将である徳川家康は、軍を二つに分けて、西進します。家康が率いる諸大名の軍勢が東海道を進み先に関ヶ原へと入り、徳川の本隊は後の二代将軍・徳川秀忠が率いて中山道を進み、これも関ヶ原を目指します。

徳川家の本隊である秀忠の軍勢は、およそ三万五〇〇〇と言われています。これが徳川家の本隊であり主力の精鋭部隊なわけです。ところが有名な話ですが、この秀忠率いる徳川本隊は天下分け目の関ヶ原の戦いに遅参するという大失態を犯してしまいます。秀忠の軍勢が関ヶ原に到着したのは、すでに合戦の雌雄が決した後でした。

なぜ、秀忠が遅参したかというと関ヶ原へ向かう途中、真田昌幸《まさゆき》と真田幸村《ゆきむら》の真田父子が守る上田城攻めを行い、これに時間をかけすぎてしまったからだったのです。つまり、城攻めのために遅参したということになります。秀忠はこの「世紀の大遅参」を大いに悔いて、一生コンプレックスを持ち続けたと言われています。

そこで気になるのが、なぜ、秀忠は上田城攻めをしなければならなかったのか、ということなのです。非常に素朴でシンプルな疑問なのですが、天下分け目の合戦が今、始まろうとしているのに、途中の城を果敢に秀忠は攻めている。そこまでして城攻めをするのはなぜなのでしょうか。

当時の真田家は一〇万石クラスの大名ですから、動員できる兵力はだいたい三〇〇〇くらいがいいところでしょう。

かたや徳川の主力部隊である秀忠の軍勢は三万五〇〇〇。普通の平地で行われる合戦であれば、まず真田勢に勝ち目はありません。それならば、わざわざ時間と労力というコストをかけてまで上田城を攻める必要はなかったはずです。にもかかわらず、城を攻めて、結局、天下分け目の戦いに間に合わなかった。こう考えると、秀忠の戦局を読むセンスのなさが際立ちます。

ですが、秀忠の才に評価を下す前に考えるべきは、そうまでして城攻めをするのはなぜか、ということなのです。仮にそれ相応の理由があったとするならば、この問いをきちんと考察しなくては、秀忠の行動の謎も解けないでしょう。

ところが、です。こうした疑問は城郭研究においては正面から取り上げられてはきませんでした。なぜ城を攻めるのかという基本的でかつ本質的なこの問いに、誰も答えてくれない。ですから、先ほども述べたとおり、軍事史の空白とともに城郭研究の空白というのも、日本の歴史学では大きな問題なのだと私は考えています。

中山道を先に進むために、上田城はどうしても落とさなければいけなかったかというとそうではありません。上田城は街道からは外れたところにあり、ただ関ヶ原を目指すならば、素通りしても問題ないのです。城が関所のように通せんぼをしているから攻めなければならなかった、というわけではないのです。

中世ヨーロッパの場合だと、城は基本的には街道の真ん中にあります。そこで城塞を築き、城壁を固め、関所の役割も果たしていました。ですから攻撃をする側は、進軍をするためには城を攻め落とすことが必須になります。

城壁に囲まれたスペインの都市アビラ

しかし、上田城の場合はそんな必要もないわけです。仮に三〇〇〇の兵が城を守っていたとして、城攻めは行わずに上田城の横を素通りしたとしましょう。それを見計らって上田城から三〇〇〇の兵が出てきて追撃戦を仕掛けたとします。前章でも述べたとおり、後ろからの攻撃というのは思いのほか効果的なものですから、それを嫌って城を攻めたんだ、というのも理屈としては成り立つわけです。ところが、圧倒的な数の差があるわけですから、三万五〇〇〇のうち、五〇〇〇くらいを上田城兵への備えとして残しておき、本隊はそのまま進軍してもいいわけです。しかし、そういうことを徳川秀忠はやらずに、全軍で上田城攻めを実施している。

一体これはどうしてだろう、というのは非常にシンプルな問いなのですが、誰も解き明かしていないのです。

なぜ城攻めをするのか②――前田利長の場合

同じく関ヶ原の戦いにおいて、前田軍もまた東軍の軍勢としておよそ二万の兵を動員し、加賀で兵を挙げ、西軍と戦いました。この時点で、前田利家はすでに鬼籍に入り、家督は息子の前田利長が継いでいます。

当時の前田家の所領は加賀半国、越中、能登。そのうち加賀と越中は前田利長の領地で、能登は利長の弟・利政《としまさ》の領地です。弟の利政は兄とは違い、西軍と通じていたようですが、この時はまだそれは表面化していなかった。そのため前田家の全所領八〇万石で二万の軍を編成した。この数は余裕を持って出せる兵数と言えます。

残りの加賀半国には、西軍についた丹羽長重《にわながしげ》と山口宗永《やまぐちそうえい》がいます。利長にとって最初に立ちはだかったのが、丹羽長重の小松城でした。

長重は安土城の築城を手がけた丹羽長秀《ながひで》の息子です。どうも、丹羽家には築城に関する教えのようなものがあったのか、築城の技能を持った特別な集団を召し抱えていたのか、実際のところは定かではありませんが、息子の長重も築城の名手として知られました。

関ヶ原の戦いの後は、西軍についていたので領地を没収されてしまうのですが、その後、復帰して現在の福島県白河にある白河城（小峰城とも）の城主となります。この白河城も長重によって大改築が行われ、「東北三名城」のひとつとして知られています。幕末・明治維新の際、戊辰戦争によってその大半は焼失してしまいましたが、現在でも当時の石垣が残っています。

ですから、関ヶ原の戦い当時、丹羽長重が守っていた小松城も相当に立派な城だったと考えられます。そこで前田利長はどうしたかというと、この小松城を無理に城攻めするのではなく、そのまま通り過ぎてしまったのです。

当時の丹羽長重の領地は大体一〇万石くらいですから、およそ三〇〇〇の兵力があったと考えられます。そうすると、もちろん、利長としてはただ通り過ぎてしまえばいいというものではありません。手薄となった金沢にこの三〇〇〇の兵が侵攻してくれば、あっという間に自分の本拠地が奪われてしまいます。

ですから、小松城にはたとえば三〇〇〇くらいの兵を残しておき、丹羽軍が城を出て攻撃を仕掛けてきたらすぐに応戦できるようにしておいたのではないかと考えられます。当時の史料を見ても、利長がどれくらいの兵を小松城対策として置いていったかは記されていません。ただ小松城は通り過ぎたとあるだけですから、いわゆる「文献派」の人たちが何も言わないのは無理もない。けれども、合戦のリアルを考えたとき、ただ素通りするということはあり得ないのではないかと思います。

続いて、もうひとり、西軍についた武将・山口宗永ですが、彼は大体六万石の所領を持つ武将で、大聖寺《だいしょうじ》城という城を構えていました。利長は、小松城は素通りしたのですが、この大聖寺城には攻撃を仕掛けます。おそらく堅固な小松城は後回しにして、攻めやすい大聖寺城に照準を定めたのでしょう。前田軍の総攻撃にあった大聖寺城はわずか一日で陥落。城主の山口宗永父子は自害に追い込まれました。

繰り返しますが、小松城のように街道の外に城があるという場合には攻め落とさずにそのまま素通りすることが可能です。西洋の城のように街道の上に城を築いている場合は城攻めをしなければそれ以上進むことはできません。城を攻める必然性があるわけです。

しかし、日本の城のように街道の外に城があるならば、ただ進軍するためであればわざわざ攻める必然性はありません。前田利長が小松城に対して行ったように、秀忠も上田城は攻めずにいざというときに対応できるだけの兵を残して、そのまま通り抜けてしまうことができたはずなのです。

ですから、城とはそもそもなんのためにあるのか、そしてその城を攻めるとき、どういう理由から攻めるのか、ということが改めて問題になってくるのです。

なぜ城攻めをするのか③――源頼朝の場合

城とは何か、なぜ城を攻めなければならないのかという問いを考える上で、もうひとつ取り上げたいのが、源頼朝の金砂《かなさ》城攻めです。

治承四（一一八〇）年、南関東を平定し鎌倉入りを果たした頼朝は、源氏の名門である常陸の佐竹氏への攻撃を開始します。

佐竹氏は鎌倉の軍勢から身を守るために常陸太田の金砂城で籠城作戦に出ます。しかし、この金砂城、実はお城というより、ただの小山なのです。佐竹氏は自然の地形を利用して、防御を固めました。

金砂城は平時には使われていない要害です。そのため、戦がないとき佐竹氏は、山の麓で寝起きをする邸を構えていました。

ヨーロッパでいうと、ちょうど同時期にモット&ベーリーというものがあります。モットとは小丘、ベーリーとは木柵からなる領域です。ベーリー部分には平時に過ごす屋敷があり、その後ろにモット＝小山があって、いざ戦いが始まれば、小山の上の城に籠城して戦う、ということになります。

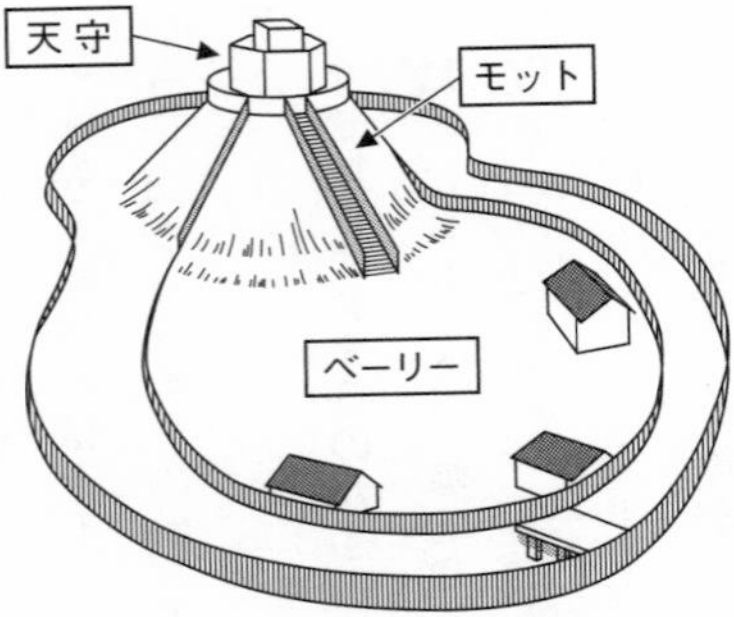

10世紀頃からイギリスなどにみられる築城形式の一つ

実際に金砂城のあった場所に行ってみますと、本当にただの山。険しい丘陵といった感じです。これだけ峻険な地形ですと、水の確保から食糧などの物資の運搬も一苦労。

大勢の兵が休める平地部もありませんから、実際に佐竹氏の兵が長く籠城できたとは思えない場所です。

ですから、実際にその場を見て思ったのは、なぜ頼朝はこんな城をわざわざ攻めたのか、という疑問です。

前田利長が小松城をスルーして大聖寺城を攻撃したように、進軍のために邪魔でなければ素通りしてしまってもいいわけです。金砂城も山の上にある城ですから、基本的には日常生活の邪魔にはならない。しかし、頼朝がこの城を攻めたということは、やはり佐竹氏そのものを叩く必要があったことになります。

仮に頼朝の軍勢が城攻めを諦めて鎌倉に戻ったとすると、佐竹氏は山から下りて、再び常陸太田を支配することになるでしょう。その繰り返しになるならば、犠牲が出るのは覚悟して、いっそのこと山の上まで上がって倒してしまったほうが手っ取り早い。頼朝は総攻撃をかけて城を落とし、佐竹氏を屈服させます。

佐竹氏は源氏の名門でしたから、関東の武士たちが頼朝でなく、佐竹氏を自分たちの棟梁として担ぐ可能性もあり得たのです。その芽を摘んでおくことが金砂城攻めの目的だったと考えるべきでしょう。

当時、頼朝以外にも平氏に対して反感を持つ源氏の名門たちが関東には複数、存在しました。常陸の佐竹氏もそうですし、甲斐の武田氏などもその典型です。放っておけば、頼朝ではなく別の人間が関東武士の棟梁として、幕府を開いていた可能性もあるのです。関東を平定し、武士の、武士による、武士のための政権を作ろうとしている頼朝にとって、自分に取って代わる可能性のある連中を野放しにしておくことはできません。

ですから、そうした人間たちには主従関係を徹底させて家臣にするか、これに従わない場合は武力で攻めるほかない。その意味では、金砂城を攻めたということはやはり狙うは佐竹氏の服従だということです。

自分たちの命が危ないということであれば、当然、佐竹氏はそれなりの防御体制をとります。それが金砂城という「山」に籠ることでした。平地で戦えば、あっという間にやられてしまいますから、山などの要害に立て籠ることになります。そうであれば、ここに城攻めの理由が出てくるわけです。

つまり、なぜ城攻めをするのかというと、「そこに生かしてはおけない敵がいるから」ということになります。

これに対して徳川秀忠は、真田家をどうしても滅ぼさねばならないということはない。それなのに上田城攻めにこだわったのは、やはり戦略的には誤りだったといえるでしょう。

また前田利長の場合は、とりあえず上方へ兵を進めて様子を見よう、というのが戦いの目的だったと考えられますので、城攻めのやり方は正しかったことになります。

城郭とは何か

日本と中国の異なるお城事情

それでは本節からは改めて、城とは何か、どうして城を攻めなければならないのか、という点についてさらに考えていきたいと思います。

まず、日本における城というものが作られる歴史を追っていきたいと思うのですが、たとえば漫画家の横山光輝《みつてる》先生の『三国志』や原泰久先生の『キングダム』などを読むと、城攻めのシーンがよく登場します。ご存じの通り、いずれも中国が舞台になった漫画です。

日本は中国の都市開発などを学んで、それを輸入するかたちで平城京や平安京などを作りました。しかし、『三国志』や『キングダム』の描写と比較するとよくわかるのですが、日本と中国では都市の作り方に決定的な違いがあるのです。

果たしてそれは何でしょうか。

先に答えから言ってしまいますと、それは「城壁」の存在です。実は平城京も平安京も含め、日本の都には城壁が全くありません。城壁もなければ城門もないのです。これに対して、『三国志』や『キングダム』なんか見ると、都市というものは普通みんな城壁に囲まれて、攻撃を仕掛けるときは城攻めの形になるのです。

そうなると城壁をいかに攻略するか、城門をいかに突破するかという発想になってくると思います。そのための武器や兵器も中国では作られています。これはユーラシア大陸を挟んで西のはずれであるヨーロッパでも事情は同じでした。同様に城壁に囲まれた都市作りが行われ、攻城用の武器・兵器が開発されています。そして、そのいずれもが中国の兵器とよく似ているのです。

たとえば、大きな石を遠くまで投げることができる投石器（カタパルト）や、下部に車輪をつけて移動させ城壁に取り付いて上へと登ることができる攻城塔。また、丸太を大きな車にくくりつけて、先端を尖らせ、城門へとぶつけて破壊する破城槌などです。

こうした攻城兵器は中国やヨーロッパにはあるのですが、日本にはありません。なぜかといえば、日本にはそもそも城壁で覆われた都などなかったので、城攻めをする必要がなかったからです。

古代、日本のエリートたちは隋や唐に行き、律令を学んで日本に持ち帰りました。しかし、そのまま使うのではなく日本のかたちに合わせて、律令そのものを作り替えています。これと同じで、平城京や平安京は、四方を囲む壁はあるにはありましたが、土壁程度のものに過ぎません。門も城門とは言い難いものでした。

昔から物作りの得意な日本ですから、おそらく作ろうと思えば作れたのだと思います。ところが日本では城壁は作られなかった。つまり、作る必要がなかったのだろうと思います。必要がないものをわざわざお金をかけて作っても仕方がない。そのため、日本の都市計画は城壁がないかたちで発展していったのです。

それではそもそも、城壁というものが必要になるのはどういうことかというと、中国の場合、モンゴルなどの騎馬民族の侵攻といった、異民族の侵攻に有史以来、ずっと悩まされてきました。そのため、異民族からの侵攻を防ぐために、こうした城壁が発達したのだろうと考えられます。

その点、日本は異民族から壊滅的な侵略を受けたことがありません。一神教を奉じ、頻繁に異教徒間で死闘を繰り返してきたヨーロッパとは異なり、長い間、戦乱自体も相手を殲滅するほどの苛烈なものではありませんでした。それで、大規模な城壁は必要ないと判断されたのでしょう。

その意味では、日本の環境というのは、中国やヨーロッパに比べて、非常に「ぬるかった」のかもしれません。

お粗末すぎる日本の城壁——やっぱり日本はぬるかった!?

日本はぬるい。その思いを強烈に抱いたのは、博多に行ったときのことでした。日本は異民族から侵略されることはなかったと述べましたが、幕末の黒船来航を除くと、唯一、日本側の軍隊と異民族＝外国の勢力が日本国内で争ったのが蒙古襲来、いわゆるモンゴル軍の侵攻でした。

最初の侵攻となった文永の役の後、日本側はモンゴル軍の再侵攻に備えて、防塁を作り、守りを固めています。現在、対モンゴル用の防塁は復元されています。私はそれを見たとき、驚き、呆れてしまいました。

というのも、そこにあったのはだいたい人間の背丈くらい（一・八〜二メートル）の高さに石を積んだだけのものだったからです。それはこれから侵攻してくるモンゴル軍を退けるためのものだったとすると、あまりにもお粗末なものと言わざるを得ない。この戦いに負けてしまえば、日本は侵略されてしまう。存亡を賭けた戦いなのですから、そんな簡単な防塁で大丈夫なのか、と私は唖然としてしまったのです。

侵攻を防ぐ防塁であるならば、もう少し堀を作るとか、工夫があって然るべきです。堀を作れば土が出ますから、それを盛って土塁とする。その上からさらに石を積めばもっと高い防塁になる。空堀と土塁とさらに高い石積み。それくらいの工夫なんていくらでもできるはずなのです。

しかし、対モンゴル用の防塁はただの人間の背丈くらいの石積みがあるだけ。『蒙古《もうこ》襲来絵詞《しゅうらいえことば》』にも同様の絵が残っていますからおそらく間違いないだろうと思います。

鎌倉時代、とりわけ一三世紀後半にもなって、日本は城郭や城壁に対してそのような意識しかなかったのです。技術はおそらくあったでしょう。しかし、城壁のある城郭を

『蒙古襲来絵詞』より（肥後国阿蘇宮蔵画巻物写　臥遊舎蔵）

作ろうとする意識はその時点ではなかったのだろうと思います。

私はこれまで自分の著書のなかで「日本史の法則」として「日本の歴史はぬるい」ということを述べてきました。つまり地政学的に言えば、やはり日本は大陸から海で隔てられた島国なのです。世界中でペストが蔓延したときにも日本では流行を見なかったように、日本列島はそうそう外国の勢力から攻められることもなかった。また、同じ日本人同士の戦いも、ヨーロッパ人のような殲滅戦にまで発展することはほとんどありません。その意味では、日本は「ぬるかった」。だから、城郭も城壁も作る必要がなかったのです。

また、地政学的に外部からの攻撃が少ない「ぬるい」国だったからこそ、逆に、外圧には弱い。日本のなかで何か改革が起こるときは常に外圧が要因となっていました。

たとえば、合戦のあり方は、モンゴル軍の襲来以降、一騎討ちから集団戦へと変わっていったと先に述べましたが、これも外圧でしょう。幕末の黒船来航は言うまでもありません。これを契機に幕藩体制の終焉と明治政府の樹立へと日本は傾いていきます。

このモンゴル軍の侵攻以降、合戦のかたちが一騎討ちから集団戦・総力戦になるにつれて、城郭や城壁についてもそれに応じてより堅固なものを築くようになっていったと考えられるのです。

その意味では、一騎討ちが基本の鎌倉時代初期の城攻めと、集団戦が基本の戦国時代の城攻めとでは、全く性格の違うものだということがわかるでしょう。

すぐに攻め落とされた鎌倉時代初期の城

蒙古襲来の際にもこの程度の防塁しかなかった国です。実は、鎌倉時代初期においては、城自体も簡単なもので、攻めればすぐに落ちる程度のものでした。

源頼朝が奥州征伐へと向かったとき、攻められる側の奥州藤原氏は、福島県の厚樫山《あつかしやま》に防塁を作り、守りを固めました。しかし、頼朝の軍勢はあっという間にこれを破ってしまっています。

まだ一騎討ちが主流だった頃の鎌倉時代初期において、城というのは普通に攻めれば簡単に落ちてしまうものなのです。当時の城というのは大した防御施設ではなく、城といっても小山のようなものです。そのため、その気になって攻めれば一日、二日ですぐに陥落してしまいます。

頼朝の最初の挙兵の際の三浦氏の攻防も、この良い例だと思います。治承四（一一八〇）年、源頼朝が以仁王《もちひとおう》の令旨を受けて挙兵したとき、山木氏との初戦に勝利すると、大きな勢力を誇る平氏側の大庭氏・伊東氏との対決に備え、相模国の三浦義澄《みうらよしずみ》ら三浦一族と合流しようと試みました。しかし、三浦氏は増水した川に阻まれて進軍できず、頼朝の前には大庭氏の軍勢が立ちはだかりました。いわゆる石橋山の戦いです。ここで大庭氏に大敗を喫した頼朝は真鶴岬から海を渡って房総半島へと逃げ延びます。

頼朝と合流できなかった三浦氏は本拠地である衣笠城を敵方から攻められています。

このとき、三浦義澄の父・三浦義明《よしあき》が決死の覚悟で敵を衣笠城に釘付けにして、息子たち三浦一族を海に逃がすのです。こうして、義澄らは海上で頼朝らと落ち合い、房総半島で再起を果たします。

残った三浦義明のいる衣笠城は、平氏側の攻撃であっという間に落とされています。つまり、後の戦国時代などにおける数ヵ月に及ぶ籠城戦などは、この頃にはあり得ないのです。

城を防御拠点として使った楠木正成の登場

小規模な城しかなかったわけですから、鎌倉時代初期の合戦においては堅固な城を必要とする大きな戦いはなかったのだろうと想像できます。

それが変貌し始めるきっかけとなったのが、おそらく楠木正成《くすのきまさしげ》の出現だったのではないかと私は思っています。モンゴルの侵攻以来、次第に日本における合戦は、集団戦へと移っていきました。そうなると、城の必要性というのが増してくるのです。その意味で言えば、楠木正成は、日本で初めて城を防御拠点にすることの重要性に気づいていた人物だったのではないかと思います。

楠木正成は、後醍醐天皇の討幕の呼びかけに応じて、大阪の河内地方で城を拠点とし、幕府軍を相手に戦いました。いわゆる赤坂城・千早城の籠城戦です。それまでの城というのは、先述したように「攻められたらそれでおしまい」という類の、防御拠点としてはほとんど意味をなさないものでした。それにもかかわらず、楠木正成は幕府の大軍を何ヵ月も千早城に釘付けにして耐え抜き、翻弄したのですから、正成が戦術家として超一流だったことがよくわかります。

楠木正成はこうした千早城の戦いなどを通じて、籠城戦の有効性を広く知らしめ、これ以降、防御拠点としての城が積極的に使われるようになっていくわけです。

より広い視野に立って戦略的に考えるならば、正成が幕府の大軍の攻城を凌いだことで、このとき、幕府の威信は大きく揺らいだと言えるでしょう。つまり、「千早城のような小さな城ひとつ、幕府軍は落とすことができないのだ」という印象を抱かせ、幕府に対する不平不満が一挙に表面化した。その結果、情勢は倒幕へと傾いていったと言えるだろうと思います。

その後、日本において最初に石垣を積んで城を築いたのは、戦国時代の織田信長だったと言われています。信長は小牧山城を築城する際に、石を積んで石垣を造っています。この築城技術はあっという間に各地に広がり、半世紀も経たないうちに、非常に精緻で堅固な石垣が造られるようになりました。

山城、平山城、平城とは何か

鎌倉時代には有力な武士であってもその勢力範囲は、荘園の範囲内ということになります。大小さまざまな荘園がありますが、耕田が三〇〇町（約三〇〇ヘクタール）の荘園を本拠にしていれば、有力な武士と言えるでしょう。先述したように、この頃の武士たちはあちこちに砦を築くことはせず、小規模な山城の麓に屋敷を構えて、平時と戦時で使い分けをしていました。

やがて室町時代に入ると荘園制が崩れ、より広い地域を武士が治めるようになります。そうなると自分の本拠以外にも重要な拠点には防衛施設としての城を作る必要が出てきます。これがより深化したのが戦国時代で、一国を領地とするような戦国大名が登場してきます。一国とまでは行かなくともその半分、あるいは郡を複数持っているというような武将たちが、いくつか防衛拠点としての城を建造するわけです。こうすると、たとえひとつの城を落としたとしても、相手を討ち滅ぼしたことにはなりません。つまり、本城にとっての二重三重の防衛ラインとして、複数の城を造るわけです。

こうして、城が続々と造られるようになるのですが、防衛拠点というだけでなく、城の付近一帯を治める、統治のための城というのも必要になってきます。外敵に対しての防衛ラインという意味だけでなく、内政を執り仕切るための拠点としての城です。

戦国時代で言えば、博多の街を統治するために築かれた立花山城という城があります。立花山城は、平野のなかにある山に築かれたいわゆる「平山城」です。防衛拠点としての機能もありながら、政務など領地の統治支配を執り仕切るのにも向いた立地です。もし博多の街を領有したいのであれば、この立花山城を落とさなければならなくなります。

このように、領国が広がるにつれ、その領地や街などを治めるための城造りというものが重視されるようになっていきました。ここでポイントなのが、佐竹氏の金砂城のように山城だとすると、いちいち麓の街を治めるために山を下らなければならないわけですから、非常に不便なのです。領地をきちんと治めるための城は平地に造る平城のようなものが望ましい。しかし、平城ですと、防衛的な意味でいささか脆弱です。そこでどうすればいいかと考えたところ、山城と平城の中間になるような平山城を造ったり、平城をただ造っただけでは弱いから、石垣や堀を造って守りを固めたりというような様々な創意工夫がなされるようになりました。こうして、戦国時代には一気に城郭建築の多様化が進むのです。

地域一帯を治めるための城は、攻める側からしてみれば、その城を落とせばあたりの田畑が自分のものになる。博多などの港湾都市であれば貿易の拠点が手に入るわけで、当然攻める側としてはその城を落とそうとします。

たとえば、上杉謙信と武田信玄が争った川中島の戦いを見ると、北信濃に武田信玄が築いた海津城が、まさにそうした地域一帯を治めるための城となります。北信濃はだいたい一〇万石の収穫高があるとされていますが、海津城を落とせば、この一〇万石の領地が手に入るわけです。上杉謙信からすれば、この城を落とすということは、武田信玄を討つということと同義ではありません。あくまでも北信濃の領地を収奪するために攻めるのです。

つまり、敵の命を奪うための城攻めから、敵が持っている経済的な利潤を奪うための城攻めというものが生まれてくるわけです。

これは、一騎討ちだった鎌倉時代初期までの戦いでは相手の命を奪うことが目的とされていましたが、戦国時代に入り集団戦・総力戦になると、相手の利益や権益を奪うのが目的となったこととよく似ています。

境目の城を考える

また、自分の領国を統治するための城があれば、それとは別に自らの領地を外敵から守るために、他勢力との境界に置かれる「境目の城」というものがあります。

たとえば、甲斐・信濃を領有している武田家と、遠江・三河を押さえている徳川家が対立している状況を考えてみましょう。武田が徳川の領地へ侵攻する場合、大軍を引き連れて険しい山中を行軍することはまず無理ですから、当然、街道沿いを進軍することになります。考えられるのは、上田から浜松へと至る現在では国道一五二号線が走るルート、あるいは伊那から豊橋へと至るＪＲ飯田線が走るルートなどです。徳川からすれば、こうしたルートを塞ぐように城を造れば、対武田の重要な防御拠点になります。

こうした城のうち、武田と徳川のそれぞれの領地が接しているところに築かれるのが、「境目の城」ということになります。

基本的に「境目の城」とは要は国境警備のための城であると同時に、相手の領地へと楔を打つための城なわけですから、海津城のような地域一帯を領有し統治するための城とは目的が異なっています。つまり、その城を落としたとしても、耕田に向いた土地が手に入るわけではありません。境目の城は元来山の上など、防御のために攻め落とされにくい場所を選んで作るわけですから、そもそも人が住むのには適さない。城下町などは形成されないのが普通です。つまり、この境目の城を攻めるのは、相手の領土に侵攻し、自分の領土を国境線からじわじわと広げていくためということになるでしょう。

次節でも詳しく触れたいと思いますが、この境目の城の攻防として有名なのが、高天神城を巡る戦いです。

高天神城は、現在の静岡県掛川市上土方・下土方に築かれた山城で、非常に守りの堅い城として知られていました。軍神とも称えられた武田信玄すらもあえて無理に攻撃をしなかったと言われる堅城です。

その後、信玄の後を継いだ武田勝頼《かつより》はこの高天神城を攻め落とすために二万五〇〇〇もの大軍を動員しました。城を守る小笠原長忠《おがさわらながただ》は、徳川家康に救援を求めます。こうして、高天神城をめぐって、武田と徳川の間で攻防戦が繰り広げられるのです。

高天神城は山城ですから、地域一帯を統治する城ではありません。付近に城下町はおろか、耕せる田畑もほとんどないような場所です。もちろん、この城に徳川家康のような一国の領主が住んでいるというわけでもありません。つまり、高天神城は国境を接した地域に置かれた、境目の城だったわけです。

武田からすればそれは徳川の領地側にある最前線だった。だからこの城を落とせば、徳川側に領土を広げる事になる。落とすのは大変だけれども、一旦落としてしまえば、今度はこの城が武田側の境目の城となり、防御の拠点にもさら

に別の徳川側の城を落とすための拠点にも使えるわけです。ですから、城攻めをかけて、高天神城を落とすことには意味があると武田勝頼は判断したのでしょう。

このように見てくると、一口に城攻めと言っても、その城自体がどんな意味を持つ拠点であるかでかなり性格が違ってきます。

本節で述べたことをまとめるならば、つまり城とは、①敵対する相手自身が守りを固めている居城と、②周囲に城下町などが発展した領地一帯を統治するための城、そして③敵国との国境線の守りを固める境目の城などがあるわけです。それぞれの用途と目的のために城はさまざまな形で造られていることになります。

そして、なぜ、城を攻めるのか、その理由については①敵の命を奪うための城攻め、②敵が持っている経済的な利潤を奪うための城攻め、そして③敵の領土に侵攻するために行う城攻め、という要素があると言えると思います。

本節ではこのように城とは何か、なぜ城を攻めるのかという点から、日本の城郭というものを見てきました。次節では逆に城を守る側、つまり籠城戦について見ていきたいと思います。その際に、代表的な籠城戦として小田原城と先ほども言及した高天神城を例として取り上げたいと思います。

籠城とは何か

合戦のコストを考える

城攻めの場合、強行に攻撃を仕掛けるか、あるいは城全体を包囲して補給路を断ち、干上がらせて、相手が音を上げるのを待つという戦法を取ります。とりわけ後者はいわゆる籠城戦となるわけですが、籠城する側もこれを攻めて包囲する側も、重要になるのが兵站の問題です。

守る側からすれば、城に立て籠るというのは、後詰めとして他から援軍が来るまで耐え忍ぶということが作戦のメインになります。ときには城から出て交戦したりしながら、相手の兵力を減らしつつ、防御施設としての城を巧みに利用しながら時間稼ぎをする。そうこうしているうちに、領内の別の城から味方の軍勢が加勢に来るとか、同盟関係にある別の国の領主が援軍を引き連れてやって来るとかして、敵を追い払う。基本的にはこのような流れになります。

攻める側からすれば、本書で繰り返し述べている通り、勝利の大原則とは「戦いは数である」ということです。いかに多くの兵を揃えて、城を攻めるかがポイントになります。城攻めの場合は、通常の平地で行われる合戦と違って、少なくとも三倍、できれば五倍の兵が必要としばしば言われるところです。

逆に言えば、籠城すれば、たとえ少数の軍勢でも大軍と戦うことができるということになります。

ただ、籠城戦においては実は城内に立て籠って守る側にとっても、大軍を引き連れて城を囲み攻める側にとっても、食料や物資の補給というものが非常に大事になります。いわゆる兵站の問題です。

援軍が来るまでひたすら籠城しても結局、食料や水などが確保できなければ干上がってしまい、降伏せざるを得なくなります。他方、攻める側も連れてきた大軍を食わせなければなりません。籠城戦は得てして長期化しやすいので、やはりそのぶん、兵糧が必要になります。

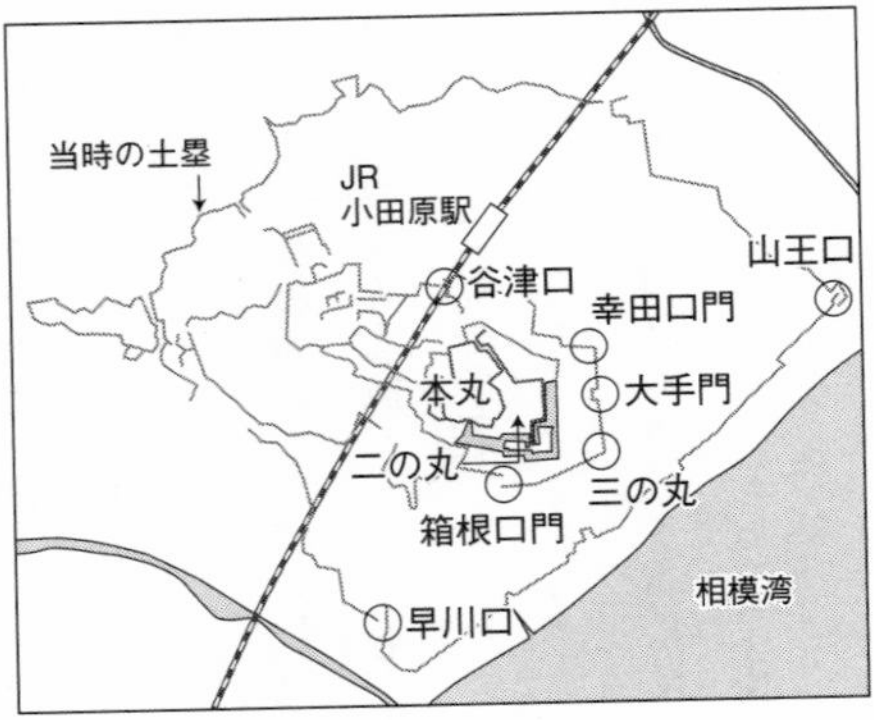

ところが後北条氏の小田原城は、この兵站の問題をある工夫によってクリアすることができたのです。それは何かというと、普通、城下町というのはお城の外にできるものですが、小田原城の場合、町が丸ごと城の内側にあったのです。たとえ大軍に包囲され補給路を断たれたとしても、城内に町があり、田畑があるわけですから、再生産をすることが可能です。あとは城内の人間たちの士気さえ下がらなければ、味方の後詰めも当てにすることなく、持久戦を続けることができる。つまり非常に籠城に向いた城造りをしていたのです。城郭研究的には、後北条氏の小田原城のような城は「総構え」の城と呼ばれています。

逆に小田原城を攻める側は、難なく籠城され持久戦に持ち込まれてしまえば、たとえ大軍で包囲してもびくともしないわけですから、非常に攻めるのが難しい。また、長期化すればするほど、逆に攻める側にも兵站の問題が出てきます。それだけの軍勢を食わせるために補給が必要になるわけです。

戦国時代、仮に一万人の軍隊を編成して合戦を行う場合、兵一人当たり「一日三合」の米を食べたとします。これが一万人となると、一日で三万合もの米が必要です。キロ数で換算してみると、一合は約一五〇グラムですから単純に三万をかけると、一日に四五〇〇キロもの米を消費することになります。仮に現代の米価格を一キロあたり五〇〇円として計算するならば、総計二二五万円です。

一万人の兵を一日食わせるだけで二二五万円もかかってしまう。これが長期化する籠城戦の場合、仮に一ヵ月続いたとしましょう。三〇日分とすると、兵糧代として六七五〇万円もかかってしまうのです。もちろん、合戦に必要なのは兵糧だけではありません。武器も必要ですし馬も必要です。さまざまな諸経費を考えれば、一万人の軍勢をひと月動かすだけで、現代の価格で一億円以上かかったと思われます。

「軍事は経済である」とも述べましたが、籠城戦が長引けば長引くほど、攻める側にとっても痛手なのです。

上杉謙信も武田信玄も落とせなかった小田原城

このように持久戦・耐久戦に優れた小田原城を攻めるのは、相当な軍事費が必要になるということです。籠城戦になれば、城内で再生産できる小田原城は難攻不落な城になるわけです。

実際に、戦上手で知られた二大戦国武将、上杉謙信と武田信玄もこの小田原城攻めに挑みましたが、いずれも攻めあぐねて撤退しています。

上杉軍は一〇万、武田軍は三万の大軍を率いて小田原城を攻めました。しかし、守りの鉄壁な小田原城は、包囲して補給路を断ったくらいではびくともしません。逆に城を攻める側の補給が尽きて、退却を余儀なくされるのです。

また、詳細は次章でも述べますが、上杉一〇万、武田三万の軍勢の内実をみるとその大半は農民兵です。彼らの本分は農業なわけですから、田植えや種まきの時期など農民の繁忙期には国元へ帰らなければならない。それをしないと、今度はその年の収穫が期待できなくなるため、兵站どころの問題ではなく、国全体が危ぶまれるわけです。ですから、長期間の城攻めはできないということで、包囲を解いて帰還せざるを得ないのです。

小田原城を攻略した秀吉

そういう意味では、小田原城を攻めて、籠城戦の末、北条氏を降伏させた豊臣秀吉は、城攻めにおける兵站や補給の問題をよくよくわかっていたと言えるかもしれません。また、小田原城のような籠城戦においては鉄壁な城を攻める際にどこに隙があるのかということもよく見抜いていました。

先ほど「城内の人間たちの士気さえ下がらなければ、持久戦を続けることができる」と述べましたが、まさに秀吉はここを突きました。

秀吉は小田原城の目の前に「石垣山城」という石垣と天守閣のある立派な城を短期間で築きました。あらましができたところで周囲の木を一斉に切り倒し、小田原城内の櫓からよく見えるようにしたのです。

これを見た北条氏側の人間たちは皆一様に呆気に取られてしまった。なぜかというと、当時の関東には石垣を積んだ城や天守閣を持った城など存在しなかったのです。秀吉はここで築城技術の差をとことん見せつけました。

そうなってくると、次第に小田原城内に不安が立ち込めてくるわけです。あんな最新鋭の技術を持った敵に本当に勝てるのだろうかと疑心暗鬼になる。その意味では幕末における黒船来航と同じです。世界にはこんな巨大な蒸気船を建造し、自由に操る国々があるのかと当時の人々は皆腰を抜かした。同じようなことを、このとき、北条氏側の人間たちも思ったことでしょう。このままじゃとても敵わない。開国ならぬ開城しなければ滅ぼされてしまう。このように、籠城する人間たちの士気を低下させるという心理作戦が功を奏し、結局、北条氏の降伏というかたちで、秀吉は小田原城を攻略したのではないかとも言えます。

豊臣政権の技術の粋を凝らした城を見せつけることで秀吉の威厳を示し、相手を圧倒する。これもある意味では城郭を使った統治であり、合戦の仕方と言えるかもしれません。

境目の城での籠城戦——高天神城の場合

先述したように現在の静岡県掛川には堅城として知られる高天神という名前の城がありました。軍神・武田信玄ですら落とせなかった城と言われるほどに堅牢な山城だったのですが、この城はいわゆる「境目の城」と呼ばれる性格の城です。武田と徳川が国境を接するこの境目の城をめぐる高天神城の戦いについて、籠城戦の例として改めて見ていきたいと思います。

高天神城は境目の城としてこれまで説明してきましたが、研究者のなかには「高天神城を落とせば遠州灘へのルートが拓ける」とか「耕地が手に入る」などとおっしゃる方もいます。ということは前節で紹介したように、高天神城を「②周囲に城下町などが発展した領地一帯を統治するための城」として考えている人もいるわけです。

しかし、高天神城がそのような拠点であったならば、ある程度の城下町が形成され、市街地として残ったはずです。ところが、高天神城周辺の地域でいえば、そうした役割を果たしたのは掛川城だったというべきです。高天神城は掛川からはかなり離れたところに位置しており、山城であるが故に、城下町は形成されていません。つまり明らかに領域支配には向いていないのです。そのような城を巡って、武田と徳川が取り合ったということはやはりそこは「③敵国との国境線の守りを固める境目の城」だったと考えられるでしょう。

今川義元の死後、甲相駿三国同盟は意味をなさなくなり、かつての今川領を武田と徳川は東と西からそれぞれ攻め取るかたちになります。武田は駿河を、徳川は遠江を領有するということで一時、同盟関係のようなものを結んでいました。東西から攻められた今川はあっという間に崩壊し、先述したように信玄は駿河を領有することで念願の海を手に入れました。

やがて、武田・徳川の同盟関係は崩壊し、武田はさらに徳川が領有した遠江に侵攻し始めます。徳川もまた武田の動きを警戒し、岡崎城から浜松へと本拠地を移し、遠江の防衛に当たりました。

武田信玄は晩年、駿河と遠江の国境線にあたる大井川を越えて、その西側、つまり徳川の遠江側に諏訪原城（現在の静岡県島田市金谷）、小山城（現在の静岡県榛原郡吉田町）をそれぞれ整備しています。この二つの城を前線基地として、その後、家督を受け継いだ武田勝頼は、遠江にある徳川家の境目の城、高天神城を攻めました。

高天神城は守りやすく、攻める側にとっては攻めにくい堅固な山城です。戦上手の信玄の力をもってしても、徳川側の国境の守りの要である高天神城を落とすことはできなかった。結局、信玄は東から遠江を攻めるという戦術は捨てて、北側からの侵攻に切り替え、高天神城を落とすことを諦めました。

先述したように、その後、信玄が亡くなり、家督を継いだ武田勝頼は、諏訪原城や小山城を拠点に西進し、父・信玄が落とせなかった高天神城に迫りました。その結果、天正二（一五七四）年、見事にこの高天神城を落とし、逆に武田側の境目の城に変えて、徳川領に楔を打ち込んだのです。

軍神と讃えられた信玄すらなしえなかった高天神城攻略を果たした勝頼は、新しい武田の当主として大きな自信を得たのでしょう。それは、しばしば「織田・徳川恐るるに足らず」というような慢心を招いたとも言われています。その慢心が仇になり、高天神城攻略に続く天正三（一五七五）年の長篠の戦いにおいて、勝頼率いる武田軍は無謀ともいえる攻撃を敢行し、織田信長・徳川家康連合軍に大敗を喫するのでした。

長篠の戦いで武田家が大打撃を受けると、すかさず徳川家康は武田側の前線基地のひとつ、諏訪原城を攻め落とします。高天神城への補給は、大井川の上流から運ばれた物資を一旦、この諏訪原城に備蓄して運ぶというルートが取られていました。そのため、補給ルートは駿河から小山城を経由したルートしかなくなってしまいます。勝頼は長篠の戦いでの敗北によって、諏訪原城の防衛もままならず、奪還に向けた手も打てなかった。こうなると高天神城は満足な補給もなく、徳川側の国境地帯のなかで孤立し、非常に不安定な立ち位置となってしまうのです。

天正八（一五八〇）年、家康は高天神城の攻略へと動きます。このとき、高天神城には城代の岡部《おかべ》元信《もとのぶ》と一〇〇〇人ほどの兵が守りを固めていました。補給路が絶たれた高天神城は、籠城するにも限界があります。また、勝頼からすれば、高天神城への救援に動けば、すかさず織田信長が大軍を率いて侵攻し、長篠の戦いの二の舞となるでしょう。かといって、高天神城を見殺しにすれば武田の威信にもかかわる。信濃や駿河、甲斐の領主たちからの信頼も失墜する恐れがあります。

高天神城は境目の城だったわけですから、国境の守りとその拡張のためには重要だったかもしれませんが、本領としてはそこまで大事な拠点ではありません。領地として取られても本来ならば痛くも痒くもないように見えます。しかし、当時の戦国大名の勢力の構成からみると、この考えは成り立たないのです。

それはなぜか。この時代の戦国大名の勢力は、ほとんど地元の勢力の寄せ集めでできています。そうした勢力は必ずしも武田の家臣団に完全に取り込めたとは言えないのです。武田につくか、徳川につくかは、地元の勢力次第です。時の趨勢を見て、武田についたり、徳川についたりと、彼らも生き残りをかけて必死なわけです。

そこで、勝頼が高天神城を見捨てたとなれば、信濃や駿河、甲斐などの地元の領主たちは、「武田殿は頼むに足らず」といって、武田から離れていってしまう可能性が大なわけです。ですから味方が苦しんでいるときは助けに行かなければならない。これが戦国大名の鉄則でした。

勝頼としては高天神城の救援に向かいたい。しかし、それは織田信長の罠でもあるわけです。それを見越した信長は、家康に「高天神城の岡部元信が降伏を申し入れてきても、決して許してはならぬ」と徹底抗戦を命じたのでした。

武田勝頼としてはなんとしても高天神城の救出に向かいたい。しかし、信長と家康はこれこそ武田を滅ぼす絶好のチャンスだとして、手ぐすね引いて待ち構えている。すでに、武田家の主だった武将は長篠の戦いで討ち取っています。残るは大将である勝頼です。疲弊していた武田軍は結局、高天神城の救出は諦め、兵を出さないという選択を取りました。

その結果、信長はそれまでわざと攻め落とさずに籠城戦を長引かせるかたちで、晒し上げにしていた高天神城に総攻撃を仕掛けるよう家康に指示します。その結果、天正九（一五八一）年三月、半年に及んだ籠城戦の末、城代の岡部元信以下、討死となり、高天神城は陥落したのでした。

研究者のなかには、武田家滅亡の本当の原因は、長篠の戦いではなく高天神城の見殺しだったと述べる人もいます。

確かに勝頼は、高天神城が落ちたことに、強い危機感を覚えたはずです。というのも、武田信玄は「人は城、人は石垣、人は堀、情けは味方、仇は敵なり」という有名な言葉通り、甲斐の武田家の屋敷がある躑躅《つつじ》ヶ崎には城郭を整備しなかったと言われています。

人間による組織がしっかりしていれば、城郭のような防御施設はいらないという信玄の思想の表れとされています（ただし、近年の発掘では、躑躅ヶ崎にはそこそこの防御施設があったことがわかってきているそうです）。

確かに信玄は躑躅ヶ崎から本拠を移すことはありませんでした。防御という意味では、躑躅ヶ崎は地政学的にもあまり良い場所とは言えません。高天神城を見殺しにしたことで、城であり、石垣であり、堀である人心は武田家から離れようとしている。その危機意識から勝頼は、新府城という新たな城を急ピッチで建造し、織田・徳川軍が攻めてきた際には籠城で戦おうと試みたわけです。

しかし、それまで武田の家臣だった地元の勢力たちはみな、地滑りのように織田・徳川軍に降伏し、勝頼は最後、小山田氏の裏切りにあって最終的には天目山で自害することとなり、武田は滅びたのでした。

事態の推移を見るに、徳川家康が高天神城を取り囲んだ時点で、すでに勝頼は詰んでいたということになるでしょう。勝頼は高天神城にこだわりすぎたために、いわば墓穴を掘る結果となったのです。父・信玄が落とせなかった城を落とし、それが勝頼の慢心を招いたとも言われていると先述しましたが、確かにそういうこともあったのかもしれません。

父親を超えた証である高天神城に固執するあまり、勝頼はそれを手放す機会を逸してしまった。長篠の戦いに敗北した時点で、すでに高天神城まで守る兵力の余裕はなかったわけですから、境目の城を守るよりも、自分たちの本領を守ることに力を注げばよかったのです。しかし、勝頼は高天神城を捨てられなかった。その結果、家臣たちの信頼を失くし、武田家は滅亡の道をたどったのでした。

「本城＋1」の戦いとは何か

各城にどれくらいの兵を置くのか

城攻めや籠城に関してこれまでお話ししてきましたが、戦国時代の城をめぐる戦いには、もうひとつ「本城＋1」という法則があるのではないかと私は最近、気がつきました。本節では、城をうまく利用した「本城＋1」の戦いについて見ていきたいと思います。

これまで論じてきたように、城攻め・籠城とは究極的に言えば、「本当に生かしてはおけない人物がいるから城を徹底的に攻める」「自分の身を守るために城に立て籠る」というものです。城攻めには通常の三〜五倍の兵が必要になるということですから、それだけ攻めるには用意周到な準備が必要ですし、逆に守る側は少ない兵力でも立派に大軍と戦うことができるわけです。

戦国大名たちは、自分の本拠となる城が攻め落とされないように、領国内に防御の拠点としての城を複数、建造します。城にはそれぞれ性格があることは先に述べたとおりです。つまり、大名である自分が本拠とする城、政治を執り仕切る領域支配のための城、敵国と国境を接し防衛とともに領地拡大の前衛基地にもなる境目の城などです。

なかにはそうした複数の役割をひとつの拠点で賄えてしまえる城もあります。その典型が北信濃の海津城でしょう。海津城は、北信濃一〇万石を統治する拠点でありながら、川中島の戦いに代表されるように、上杉勢が北信濃へ侵攻してきた際には前衛基地となる、武田領と上杉領の境目の城でもあるわけです。それだけ優秀な条件を備えているからこそ、その後、海津城は松代城と名前を変え、真田一〇万石の根拠地となりました。

繰り返しますが、このように戦国大名の領地内には大小さまざまな城があり、本拠地となる城や前衛基地となる城など、それぞれ役割や性格が異なっているわけです。しかし、いざ本格的に大きな合戦となったとき、領内に一〇も二〇もある城全てに均等に兵を配置して守りを固めるというのでは、不利になります。

仮に自分が一万、敵が二万の兵を動員したとします。兵の数で言えば敵方の二万のほうが圧倒的に有利でしょう。しかし、先述したように籠城戦においては、守る側に三～五倍の効果があるわけです。ひとつの城に一万で籠城すれば、兵力的には三万～五万の兵を動員したことと同じになる。これならば二万の敵をはね返すことも可能です。

しかし、領内に一〇ある城を全て守ろうと思って、それぞれ五〇〇〇ずつ均等に兵を配置し、本拠である自分の城には五〇〇〇の兵を入れて守ったとします。このとき、わずか五〇〇〇の兵が守る一〇の城など、二万の軍勢で順番に攻撃されてしまえばひとたまりもありません。関ヶ原の戦いにおいて前田利長が大聖寺城を一日で落としてしまったように、そういう戦いが一〇回繰り広げられて、あとは本拠地の五〇〇〇足らずの兵しか残っていないということになる。そこを二万の軍勢で攻められれば、もう本城は落ちたも同然でしょう。

武田信玄の優れた外交戦略

ですから、領内の全ての城に少しずつ兵隊を配置するというのは、基本的にはよくない戦術だと言えます。こうした実例を見るために、最晩年の武田信玄の「西上《さいじょう》作戦」

に注目しましょう。

元亀三（一五七二）年九月、信玄は山県昌景《やまがたまさかげ》ら三〇〇〇の兵を先発隊として、その後自ら二万二〇〇〇の兵を率い、甲府から徳川領の遠江へと侵攻を開始しました。いわゆる信玄の「西上作戦」です。

信玄はなぜ最晩年になってこの作戦に打って出たのか。よく言われるのは、自分の死期を悟った信玄が、織田・徳川を攻めてついに上洛を目指したというものです。あるいは、織田信長との直接対決を考えていた、というような説もあります。しかし、果たしてこのときの信玄がそこまで考えていたのかどうか。上洛を目指した、信長との決戦を選んだ、と言えば物語としても面白いですし、歴史のロマンがあるでしょう。だからこそ、これまでそのように言われていたのかもしれませんが、どうもそれは違うのではないか。

私自身は、自分の死期を悟った信玄が、その後の武田家の家督を継ぐ勝頼の代のことを考えて、今のうちに織田信長と徳川家康の同盟勢力の力を削ぎにかかったのではないかと考えています。つまり、徳川家康を討ち取るか、屈服させて家臣に引き入れるかを画策したのではないか、ということです。

東側から遠江へと侵攻しようとしても、高天神城など守りの堅い境目の城に阻まれてうまくいかない。そこで信玄は北から遠江へと侵攻する方針へ転換します。

このとき、上杉謙信を牽制する役目を持っていた北信濃の海津城は、春日虎綱《かすがとらつな》（高坂《こうさか》昌信《まさのぶ》）が守っていましたが、その虎綱も城を留守にして、この遠江への侵攻に加わっています。なぜそのようなことが可能だったのかというと、信玄は越中富山に働きかけ、一向一揆を起こして上杉勢を日本海側に釘付けにしたのです。そのため、上杉謙信は春日虎綱が海津城を留守にしているという千載一遇のチャンスを逃しています。一方、信玄は最大のライバルである上杉謙信の攻撃を気にすることなく、遠江攻略に集中することができました。

信玄はこのように、実際の合戦での采配だけでなく、事前に巧みな外交を行い、有効な手立てを準備していました。優れた戦術家であると同時に、巧みな戦略家でもあったわけです。

こうしていよいよ武田信玄は、徳川勢との直接対決となる有名な三方ヶ原の戦いへと突入していきます。

本城・浜松城＋防衛拠点・二俣城

先発して進軍した山県隊は、田峯《だみね》城、作手《つくで》城、長篠城から支援を受けながら、長篠城の南東に位置する柿本城を落とした勢いで、遠江の伊平《いだいら》城を落とします。その後、二俣城へと進み、信玄本隊へと合流します。

信玄本隊は、青崩峠を越えて遠江入りしたのち、犬居城を開城させると、本隊をふたつに分けて進軍します。五〇〇〇の兵を率いる馬場信春《ばばのぶはる》は只来《ただらい》城を攻略し、二俣城へと至ります。一万七〇〇〇の信玄本隊は、天方《あまがた》城や一宮城、飯田城、向笠《むかさ》城といった北遠江の徳川方の城を次々に陥落させ、二俣城へと至りました。

なぜ、簡単に徳川方の城が次々と落ちたのか。一番の愚策は、北から攻めてくる武田軍を迎え撃つために、北遠江の境目の城に均等に兵を配置することです。先ほど述べたように、結局、少数の兵を置いただけでは、各個撃破され、無駄に兵力を削がれるだけです。そうなると家康の本拠である浜松城を守ることもできません。

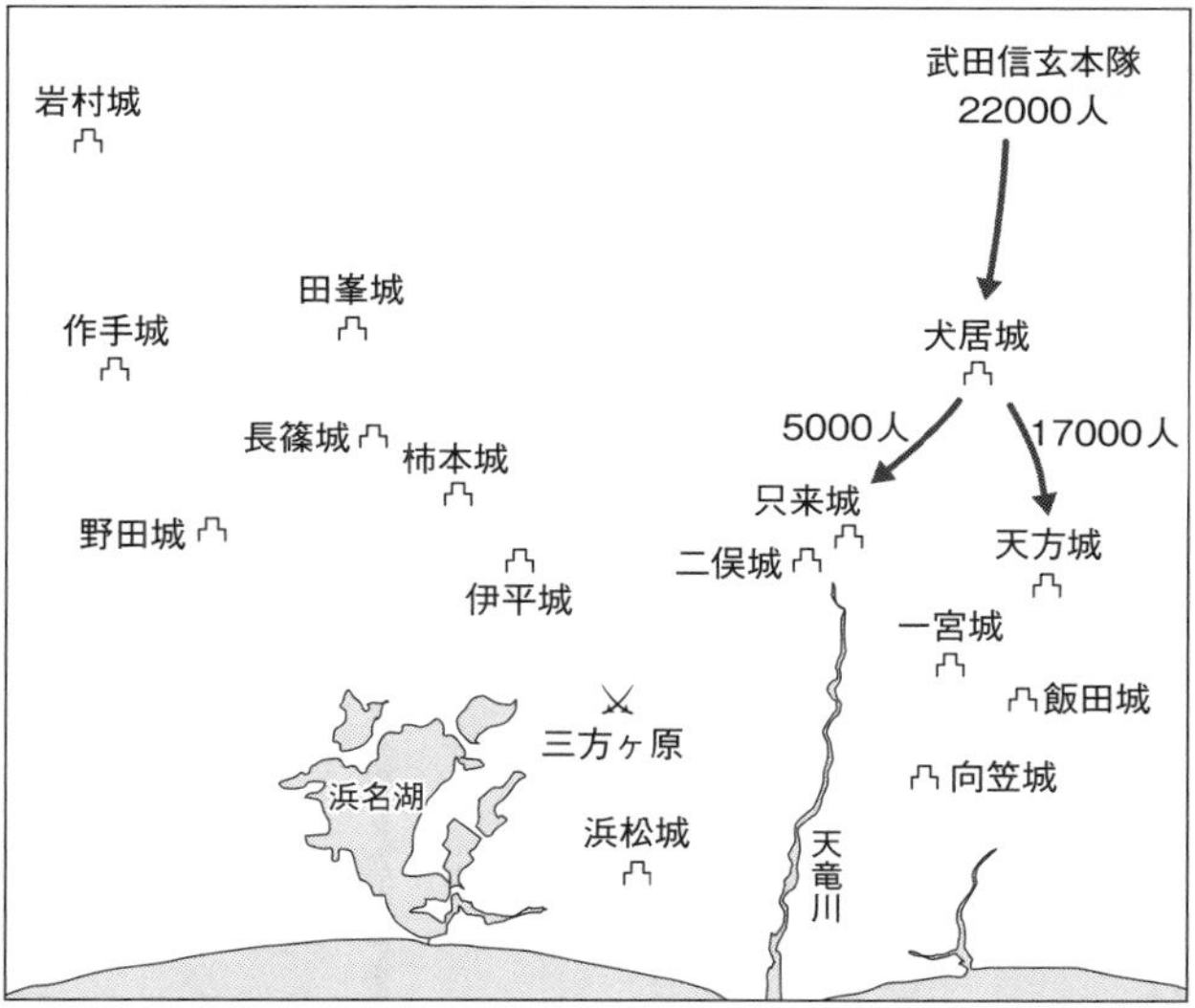

「兵力の分散は各個撃破を招く」わけですから、家康はひとつひとつの城はあえて捨てて、浜松城の北に位置する二俣城にまともな兵力を置いたのです。

集結した武田の軍勢が二俣城を攻囲している間に、家康は本城である浜松城で軍勢を整えつつ、同盟相手である織田信長に後詰めを要請する。二俣城はその時間を稼ぐために防御に徹するわけです。

つまり本城のひとつ手前の防御陣地の拠点となる城を置き、そのほかの城はあえて捨てるという作戦です。これが「本城＋1」の戦いというわけです。

二俣城の兵たちは徹底抗戦を続け、二ヵ月にわたり持ち堪えましたが、信玄の作戦によって補給（水）を断たれて、とうとう降伏し開城します。しかし、この抗戦のおかげで家康のいる浜松城には織田信長からの援軍が到着したのでした。

このとき、家康が本拠の浜松城から動かせた兵は、八〇〇〇ほどでした。武田軍は総勢二万五〇〇〇ほどです。後詰めで来る信長軍がそれなりの兵力ならばなんとか凌ぐことができるのではないか。そう期待した家康でしたが、信長が派遣した援軍はわずか三〇〇〇。合わせて一万一〇〇〇にしかなりません。

とはいえ、籠城戦となった場合、その兵力は三倍の効果を持つわけですから、家康は一万一〇〇〇の兵で籠城すれば、三万くらいの兵力を有することになります。武田勢は約二万五〇〇〇ほどですからそれなりに兵力は拮抗するわけです。なんとか戦えるだろうというのが、家康の思惑だっただろうと思います。

三方ヶ原の戦いの真相

ところが、です。二俣城を落とした武田軍は、家康が籠城する浜松城を素通りしてそのまま西へと進んだのです。

このとき、家康が「俺のことを敵だとも思っていないのか」と激昂して、家臣の制止を振り切り、追撃したところ、三方ヶ原で待ち構えていた武田軍に完敗したという話はよく知られています。その結果、家康は命からがら、大便を漏らしながら浜松城に逃げ帰った。感情のままに行動するととんでもないことになる、と自分の熱しやすい性格を戒め、有名な「しかみ像」を描かせて、後の戒めとしたという。

ここまでがセットとなる三方ヶ原の戦いの顚末ですが、さすがにそれは物語であって、実際の合戦のリアルを考えると、武田軍の行動は不可解なのです。

というのも、家康の本拠である浜松城には、一万を超える徳川・織田連合軍の兵がいたわけです。それを放置したまま武田軍が西に進軍するということがあり得たのでしょうか。浜松城の軍勢を放っておけば何をするかわかったものではありません。

先に説明した前田利長の軍勢が小松城を素通りした例があるじゃないかと言われるかもしれません。しかし、当時の前田利長の軍勢はおよそ二万、対する小松城を守る丹羽長重の軍勢は三〇〇〇程度です。それならば、前田軍二万のなかから三〇〇〇〜四〇〇〇

○程度を対小松城要員として残しておき、残りの本隊は進軍することができたでしょう。
ところが、浜松城の場合、城内にいる徳川・織田連合軍は一万一〇〇〇、武田軍は二万五〇〇〇、多くとも三万程度です。一万一〇〇〇の軍勢が城を出て攻撃に転じてくることを考えるならば、武田軍は最低でも一万五〇〇〇の兵を置いておきたいところです。そうなると残り一万〜一万五〇〇〇の軍勢で、いったいどこへ行き、何をするというのでしょうか。このとき、武田軍は上洛を目指したから西へ行ったんだなんていう人もいますが、このような兵の数で、一足飛びに上洛などできるはずがありません。

つまり、合戦のリアルを考えるならば、浜松城を無視して、西へ行くなどということは信玄はできないはずなのです。もし素通りしようものなら、兵が出払った武田の領国である甲斐を家康が攻める恐れだって考えられなくはない。もちろんこれは漫画みたいな展開ですから絶対あり得ないのですが、言うなれば「浜松城素通り」だって同じくらい机上の空論だと思うのです。定石で考えるならば、浜松城を無視せずに、二俣城を落としたように信玄は城攻めをすべきなのです。

しかし、信玄は浜松城を攻めなかった。すると真相はどういうことになるでしょうか。

やはり信玄は、作戦として浜松城を素通りした。わざと家康に背中を見せることで、城の外に誘き出した。家康も決して激昂したわけではなく、罠だとわかりつつも後背からの攻撃というアドバンテージも考えに入れたことでしょう。それは織田信長が背後から浅井長政に襲われ、一目散に逃げたという例を思い起こせば、兵力で上回る武田軍を徳川・織田連合軍が打ち破ることもできるかもしれない。そのような判断のもと、家康は攻撃に転じた。

結果は、やはりそれは信玄の罠で、三方ヶ原で武田軍は背中を見せるどころか待ち構えていた。そのため、三方ヶ原で正面衝突となった、というわけです。

大敗を喫した家康は浜松城に逃げ帰ります。しかし、信玄は結局、三方ヶ原で家康を討つことはできませんでした。次に武田軍は年を越して野田城に攻めかかり、これを陥落させています。この時点で信玄の病が重くなり、武田軍は撤退を余儀なくされました。

仮に信玄の体力が許せば、この後、武田軍はどのような行動に出ていたのでしょうか。信玄は何を考えたのか、私なりに推測すると、もちろん、野田城を落とすことが真の目的だったわけではありません。おそらく次に現在の豊橋にある吉田城を落とし、岡崎と浜松の交通を遮断する手に出たのではないか。そのうえで再度、家康が逃げ帰った浜松城を攻める。今度こそ、家康を討ち取るか、降伏させる。すなわち最初に述べたとおり、「徳川家康を討ち取るか、屈服させて家臣団に引き入れるか」というのが、信玄の西上作戦の真の目的だったのではないでしょうか。

その上で遠江を完全に手中に収める。残るは三河の岡崎城にいる家康の息子・松平《まつだいら》信康《のぶやす》だけになりますから、うまくいけばこの三河も手に入れることができる。それを見届けた上で、あとは息子の勝頼に任せればいい。しかし、さすがの信玄も病には勝てず、家康を討つまではいかなかった。これが三方ヶ原の戦いを含む武田信玄の西上作戦の真相だったのではないかと私自身は考えています。

本城＋1の戦い――上杉の場合

少々、脱線しましたが、武田信玄の侵攻に対して、「本城＋1」というかたちで、兵力分散を最低限に抑えて戦った徳川・織田連合軍の例を前項ではお話ししました。

もうひとつ、「本城＋1」の戦いの例として、非常に面白いのが、関ヶ原の戦いの際の上杉景勝《かげかつ》の動向です。本項はこの例を見ていきます。

関ヶ原の戦いの前哨戦とも言えるのは、徳川家康と五大老のひとり、上杉景勝との確執でした。この頃、上杉景勝は会津一二〇万石の大名でしたが家康から謀反の嫌疑をかけられます。家康は景勝に上洛し釈明するよう促したのですが、景勝はこれに従いませんでした。彼としてはやはり「謙信公以来の武門の家柄」というプライドがある。謀反の疑いに対して真っ向から反論します。それが、直江兼続がしたためた直江状だったとされますが、議論のある直江状の真偽についてはここでは触れません。

上洛を拒否する上杉景勝に対し、家康は諸大名からなる大軍を準備し、会津へと進軍を開始しました。これがいわゆる会津征伐です。このとき、家康について上杉攻撃へ参加した諸大名たちが、関ヶ原の戦いにおける東軍となります。

家康と諸大名の連合軍が会津征伐のために下野国の小山まで北上したところで、失脚していた石田三成が立ち、西軍を編成し徳川討伐へと動きます。そこで、小山評定というものが行われたとされ、反転して石田を撃つべく大坂を目指すかを議論したと言われています。そのとき、先述したように上杉への攻撃に参加した諸大名たちは皆、石田三成の側にはつかず、徳川家康の側につきました。すでに会津征伐に参加している時点で、諸大名たちは徳川への恭順を示していたのです。

こうして、ご存じの通り、家康と諸大名たちは関ヶ原へと結集し、石田三成らの西軍と激突。天下分け目の戦いへと発展したのでした。

ここで問題になるのが、会津の上杉景勝です。景勝は、一二〇万石の大名でしたから、三万の兵力を動員することはできました。会津盆地の中央に神指城《こうざし》という大規模な城を建造中でしたが、徳川らの侵攻に当たるために建設を中止し、待ち構える準備を整えます。

ところが石田三成の挙兵により、徳川軍は踵を返し、上方へと向かうことになりました。そうなると、上杉三万の兵が背後から攻めてくる可能性がある。背後からの攻撃はたとえ兵力差があってもかなりの痛手です。そこで家康は結城家に養子に入っていた自らの息子で、秀忠の兄にあたる結城秀康《ひでやす》を宇都宮に置き、上杉勢の抑えとします。また、そのほかの東北の諸大名たちに徳川方、つまり東軍に協力するよう指令を飛ばしました。

当時の東北勢のなかで上杉の次に大きな勢力といえば岩出山《いわでやま》城の伊達政宗《だてまさむね》でしょう。

家康は伊達を味方に引き入れるために、上杉打倒後は領地を取り上げて伊達領とする起請文を出しています。いわゆる「一〇〇万石のお墨付き」と言われるものです。それから、現在の山形にいた最上氏の勢力があります。これらを味方に引き入れ、上杉を牽制したわけです。

とはいえ、結城秀康以下、諸大名の勢力を合わせても、実は一万人の兵を動員できるかできないか、くらいだったのです。対して、上杉の軍勢は最大で三万人。景勝が本気で江戸に向けて攻めてきたら、東軍は非常に危うかったことになります。関ヶ原の戦いもかなり戦況は変わったことでしょう。

ところが、上杉はおよそ信じられない行動に出ます。反転した家康の軍勢の背後を突くということはしなかった。そして自分の領地を広げようと北へと向かい、山形の最上を攻めたのです。

すでにこの時点で、徳川か豊臣かという天下分け目の戦いが始まっている。つまり、徳川が勝てば即、天下人なわけです。すでに敵と目されていた上杉が無事で済むはずがありません。今さら局地戦をやって、領地を増やしたところで、大局からすれば意味がない。最上領を加えて二〇〇万石になったとしても、日本全国の大名を相手に戦うなんて到底できるはずがありません。にもかかわらず、上杉は最上氏が守る山形城を攻めたわけです。

前置きが長くなりましたが、この上杉景勝の侵攻に対して最上氏が取った戦い方が「本城＋1」の戦いということになります。順を追って見ていきましょう。

最上氏は本拠である山形城に籠城しますが、その手前に長谷堂城という小さな城があり、そこに一〇〇〇の兵力をおいて、守りを固めました。徳川家康の浜松城と二俣城のように、最上氏はまず長谷堂城で上杉軍を足止めさせ、その間に山形城で軍勢を整えるという戦術を取ったのです。当時の最上家の当主は最上義光《もがみよしあき》という人物でしたが、彼の妹の息子が、実は伊達政宗だったのです。つまり、政宗は最上の甥というわけで、なんとか耐えていれば後詰めがやってくるだろうというわけです。

上杉は三万の兵がいるわけですから、素早く山形城へと進軍するならば、長谷堂城にはとりあえず二〇〇〇くらいの兵をおいておけば、追撃されることもなく素通りすることができるはずです。あるいは総力を挙げて、長谷堂城を一気に落としてしまってもいい。上杉ほどの兵力があればわずか一〇〇〇の兵しかいない長谷堂城は一日で陥落させることができるでしょう。

上杉景勝もそのように踏んだのか、長谷堂城に総攻撃を仕掛けます。自分の右腕である直江兼続を総大将に、三万の兵のうちだいたい二万五〇〇〇ほどの軍勢を向かわせ、長谷堂城を取り囲みました。

ところが、です。この城がなかなか落ちない。城攻めの場合、相手の三～五倍の兵力が必要だと述べましたが、それならば上杉勢は五〇〇〇の兵があれば長谷堂城は落とせるはずなのです。ところがなかなか陥落させることができませんでした。

ということは、長谷堂城は守りやすく攻めにくい、堅固な名城だったのでしょうか。ところが、ところが。城郭研究の縄張り派の方によると、長谷堂城は昔ながらの古臭い平城で、難攻不落でもなんでもない。戦国時代においてはほとんど時代遅れな城だった、ということです。また、なぜ上杉勢が落とせなかったのか、不思議だとも言っている。

仮に長谷堂城が名城でなかったとするならば、これだけの兵力をもってしても一〇〇〇人たらずの平城を攻め落とすことができなかった、総大将の直江兼続は相当な無能だったということになります。政治家としては一流だったのですが、軍事はダメだったのかもしれません。

こうして長谷堂城が落とせないまま、グダグダとやっているうちに、関ヶ原の戦いは雌雄が決し、西軍が負けてしまいます。上杉は「このまま東軍である最上氏を攻撃していれば敵として認定されてしまう」と、今さらもう遅いのですが、山形城はおろか、長谷堂城も落とせぬまま退却してしまいました。これを見て攻勢に転じたのが最上氏のほうです。退却時に背後から攻めたわけです。このとき、直江兼続が討死を覚悟で、殿を務めて奮戦し敵を退けたことから、やはり彼は名将だという評判があるのですが、兵力差としては圧倒的に上杉が上なわけですから、直江兼続がどうこうという話ではないでしょう。それよりも、やはりこれだけの兵力差があるにもかかわらず、長谷堂城を落とせなかった失態のほうが大きいような気がします。

関ヶ原の戦いが終わったのち、家康は一二〇万石あった上杉の領地を三〇万石にまで削り、米沢へ国替えしています。さすがにお家取り潰しまではいかなかったのは、家康のせめてもの情けでしょうか。

ところがここでまた失態を犯したのが直江兼続でした。三〇万石に身落ちしたにもかかわらず、一二〇万石規模の家来をリストラすることなく、そのまま米沢へ連れて行ったのです。その結果、分不相応な数の家来を抱え込むこととなり、上杉は天下に名高い、日本一の貧乏藩になってしまった、というわけです。

兵站が勝敗の鍵を握る

インパール作戦の失敗

本章では城攻めや籠城戦について、さまざまなケースを見てきましたが、ここでは最も重要と言える補給の問題、つまり兵站の問題を考えてみようと思います。

繰り返しになりますが、補給や兵站の問題というのは、戦争において勝敗を左右する非常に重要なものです。クラウゼヴィッツは『戦争論』のなかで、戦術と戦略と共に兵站を重視していますが、私もそのように考えています。

戦いをする兵士は当然、生きた生身の人間ですから食べなければ戦うことはできません。どんなに見事な作戦、つまり戦術や戦略を考えたとしても、それを遂行する兵隊が万全でなければ、結局、戦争は負けてしまうのです。

とりわけ日本人はこの兵站の問題が苦手です。その最も悪い例が太平洋戦争でした。

南方戦線では補給路が早くから断たれてしまい、兵糧はおろか弾薬、医薬品も満足に補給されぬまま、日本軍兵士は最前線で戦わなければならなかった。有名な話ですが、南方での死者は、敵の弾に当たった兵士よりも、マラリヤなどによる病死や食べるものがなくなり餓死する兵士のほうが多かったと言われています。そうであれば、きちんと物資を補給する、兵站を考えなければならなかったのですが、当時の日本軍はそれが不得手だった。

特にビルマ戦線におけるイギリス領インド帝国北東部の都市インパールの攻略を目的とした通称「インパール作戦」は、この兵站の問題が壊滅的に酷かった。

作家で南アジア研究者の笠井亮平さんが書いた『インパールの戦い』（文春新書）を読むと、イギリス領へと食い込むインパール作戦自体は戦略的な狙いとしては、イギリス側へ打撃を与えるという意味でも意義ある作戦だったとされています。しかし、作戦としては良くても、兵站の問題を疎かにしすぎたのです。インパール作戦を指揮したのは陸軍中将の牟田口廉也《むたぐちれんや》でしたが、この牟田口中将に対しては、その後の軍事研究者の多くが批判を寄せています。

たとえば、牟田口はインパールへの進軍の際に、牛や馬などで物資を運ぶことを提案しました。牛や馬ならいざというときの食料にもなる、というのです。ところがいざ行軍してみると、牛や馬ではスピードが遅くなかなか進むことができない。ときには川に牛が流されてしまい、積んでいた武器弾薬ごと失うなどトラブルが続く。敵から空襲もあって、牛や馬は食うどころか先に爆撃で焼け死んだりしている。さらには兵糧などの物資は全て現地調達しろ、なんてことも言っている。それは逆に言えば、補給に対する計画が一切なかったことを露呈しているわけです。

当然、そんな状況では戦いになりませんから退却するわけですが、そこを敵に襲われて、日本軍兵士はバタバタと死んでいく。進むも地獄退くも地獄とも呼ばれた白骨街道の悲劇が起きるわけです。

ですから、日本は近代戦である昭和の戦前・戦中になってもそんな状態だった。兵站に対する考えがあまりにも足らなかったのです。

秀吉の兵站

その意味でいうと豊臣秀吉は、非常に軍事、特に兵站ということをよくわかっていた武将でした。

秀吉は播州征伐の際、三木城を取り囲んで、兵糧攻めにしました。籠城する相手の補給路を断ち、相手を干上がらせて降伏を待つ作戦です。そのため、どうしても戦は一年以上の長期にわたります。籠城する側だけでなく、城を攻囲している秀吉側にも、そのぶん、兵糧が必要になります。

このとき秀吉は略奪などはせずに、現地の人からちゃんとお金を出して米を買っているのです。戦国大名が他国を侵略するときというのは、基本的には相手の土地を占領して自分の領地に組み込みたいからです。戦争が終わった後は、自分の領地になるわけですから、戦争だからといって現地の人間から無理に略奪をすれば、結局、土地が疲弊してしまい、その後の統治はうまくいかなくなるわけでしょう。

秀吉は合戦に勝利した後の、統治のこと、つまり軍事だけでなく政治のことも考えに入れながら戦っていたのです。だからこそ、秀吉は長期となる籠城戦の攻略にも対応することができた。秀吉自身、兵糧攻めを得意としていましたが、こうした兵站の問題をよくよくわかっていたからこそ、可能だったのかもしれません。また、この時点では秀吉は織田信長の家臣なわけですから、そうした方針はある種、信長自身の考えとも直結しているのかもしれません。

反対に、兵站のことがきちんとわかっていないと、長期にわたる城攻めはやはり難しいのです。たとえば、本章で見たように、上杉謙信も武田信玄も、「総構え」の小田原城攻めに失敗しています。さまざまな要因が考えられるわけですが、やはり一番は、兵站の問題だったのだろうと思います。小田原城のような「総構え」の城を攻囲するには、それなりの兵力が必要になります。先述しましたが、一説には、上杉軍は一〇万、武田軍は三万の兵で城攻めを行ったとされています。そうすると、それだけの数の兵士を食わせなければなりません。戦いが長引けば長引くほど補給が続かなくなり、逆に攻めている側が干上がってしまうというわけです。

実際に関ヶ原の戦いの頃までの豊臣政権のあり方を見ていると、秀吉が亡くなった後に政権を支えている石田三成や長束正家《なつかまさいえ》ら五奉行たちは皆、補給のプロ、兵站のプロなのです。つまり、秀吉の政権というのは、戦場で槍を振り回して戦う人間よりも、きちんと兵站のことを考え補給を実行することができる人間が中枢を担っていたと考えたほうがいいでしょう。

徳川家康が諸大名の軍勢を率いて会津征伐に動いたときは、まだ一応、豊臣政権の軍勢として動いているわけです。長束正家などは家康のために補給をきちんとやっており、行軍に際して、途中にある城に寄ったら兵一人当たりこれだけの米を支給してもらうように、と配給制のような形で支援しました。

このように兵站を考えに入れて戦いというもの考えているか否かで、軍事の質というのは相当に変わるのだと言えるでしょう。

このように戦国時代には豊臣秀吉のように兵站をよく理解している人間が日本にはいました。ところが昭和の帝国陸軍にはそれが全く継承されていなかったことになります。

明治の陸軍参謀本部が『日本戦史』をまとめた頃はまだ、この兵站を重視する姿勢はきちんと軍部のなかでも生かされていました。たとえば日露戦争における補給などにおいてもしっかりと生かされていたのです。やはり明治の前半までは、軍事というものをある種、科学的に見る目というものがあったのだと思います。

ところが、明治末、特に大逆事件に代表されるような、皇国史観的な考え方がより強くなり始めると、軍事においては「神風」だとか「奇襲」だとか、科学的というよりも物語的な部分ばかりが強調され、本当に重要な兵站の問題が忘れ去られていったのだと、私は推測しています。

とはいえ、繰り返しになりますが、戦国時代において兵站の問題を重視していたというのは、やはり秀吉は稀有な武将でした。やはり天下人たる所以でしょう。

そんな秀吉のもうひとつの優れた点に、「築城」というものがあります。先に小田原城攻めの際に、一夜にして石垣山城を小田原城の目の前に打ち立て、北条側の士気を削いだ話をしましたが、兵站の問題と共に秀吉が稀有だったのは、この築城にも優れた才能を発揮したからなのです。

次節では、本章の締めくくりとして、秀吉の築城戦について見ていきたいと思います。

築城戦を考える

秀吉の軍隊は非常にアクティブだった

豊臣秀吉の築城の凄さを挙げるとすると、やはりそれは「野戦築城」になるのではないかと思います。この野戦築城に重要な役割を果たしたのが、合戦に駆り出された多くの農民たち、つまり雑兵や足軽のような人たちでした。

こういった人たちは無理矢理に戦場に連れてこられているわけですから、殺し合いはしたくない。そのため、戦国武将たちはいかに彼らの士気を高めるかに心を砕いていたわけです。

ところが秀吉の場合、彼らをもっと積極的に、よりアクティブに参加させているのです。つまり、とにかく一生懸命歩く、走るというようなことをさせている。たとえば現在の自衛隊でも一日に二〇キロメートルくらいは移動するそうですが、秀吉の兵隊たちもよく動きます。基本的にどれだけ速く行軍できるかというのを重視していました。

それが結果的に、本能寺の変で明智光秀に織田信長が討たれたのち、敵を討つために非常にわずかな期間で京都へと戻った、いわゆる「中国大返し」となります。秀吉の行軍が速かったため、光秀の計略が狂い、「三日天下」に終わってしまうわけですが、あまりに速すぎたため、実は秀吉が信長殺しの黒幕だったのではないかという陰謀論が今日まで言われ続けています。さすがにそのような陰謀論はあり得ないわけですから、素直に秀吉の兵隊を動かす力というものを高く評価するべきでしょう。

秀吉の野戦築城①　賤ヶ岳の戦い

秀吉は自慢の行軍力・機動力でいち早く打って出て、明智光秀を破り、織田家の家臣団のなかで最も早く信長の仇を討ちました。こうして一躍、天下取りレースの本命となるわけです。

秀吉の軍隊は、アクティブによく走ると述べましたが、これが遺憾無く発揮されたのが、柴田勝家《しばたかついえ》との戦いでした。

信長亡き後、織田家の世継ぎ問題とともに、家臣団内の勢力争いが激化します。その急先鋒であるのが秀吉であり、対するのが柴田勝家でした。

柴田勝家は現在の福井にあたる北ノ庄を本拠としていました。雪深い地方ですから、なかなか京都方面に兵を出すことができず、秀吉は十分に軍勢を整える時間がありました。そして、琵琶湖の北に位置する賤ヶ岳まで行軍し、柴田軍と対峙します。

このとき、ただ膠着《こうちゃく》状態にあったわけではなく、秀吉も勝家も競い合うように、賤ヶ岳の各地に陣地を作り始めます。

いわゆる野戦築城というもので、敵の突撃を防ぐための堀を掘り、出た土はそのまま積み上げて土塁としました。こうするとかなりの高低差がついて、ある種の城壁のように機能します。

秀吉の軍勢を構成する配下の武将たちが皆、部隊を率いてそれぞれ自分の陣地を作り出す。柴田勝家側もこれに倣い、負けじと陣地を作る。こうして、賤ヶ岳は陣地だらけになったのです。

双方に陣地だらけになった賤ヶ岳は、それぞれの部隊が守りの拠点を持っているわけですから、先に手を出したほうが負けます。城攻めで攻める側は三〜五倍の兵が必要、という公式があてはまるからです。ですから、逆に敵に先に攻めさせて叩くということが必勝の作戦となるわけです。

膠着状態に達したとき、秀吉はどう動いたかというと、一旦、賤ヶ岳から米原のほうへ南下し、美濃へと向かったのです。まさにアクティブな秀吉軍の行軍がここで発揮されます。美濃には織田信長の三男・織田信孝《のぶたか》がおり、これをまず制圧します。

秀吉が賤ヶ岳の戦場を離れたという情報はもちろん、柴田勝家の耳に入っています。当然ながら、好機とばかりに柴田軍は秀吉の陣地に攻撃に打って出ます。

このとき、秀吉側の陣地である大岩山砦を守っていた中川清秀《なかがわきよひで》は、柴田勢の攻撃を受け、さすがに持ち堪えられず、討死してしまいます。ところが、美濃から取って返した秀吉の軍勢は、「中国大返し」よりも速いスピードで賤ヶ岳の戦場に戻り、砦を出ていた柴田勢を攻略。戦場を制圧します。柴田勢が敗走すると秀吉はただちに追撃。ついに北ノ庄は落城し、勝家は自害しました。つまり、秀吉はわざと賤ヶ岳に空白の瞬間を作り、柴田勢を誘い出したことになります。まさに秀吉の野戦築城の妙と、機動力・行軍力が柴田の軍勢に勝った瞬間でした。

また、秀吉がさらに優れていたのは、行軍する兵士たちにきちんと補給を行ったことです。兵士たちは、中国大返しに勝る行軍スピードで、一日走り続けているわけで、戦場に着いたとき、疲れ切って使い物にならないということでは、いくら速く行軍したところで意味がないわけです。

ですから、秀吉は途中で炊き出しを用意させて、兵士に十分な栄養補給をさせ、賤ヶ岳までの道を行軍させました。ですから、対柴田の戦場に戻った際には、兵は十分に戦えるほどに気力も体力もあったのでした。

野戦築城、柴田勝家を誘い込む戦略、それを可能にする行軍スピードと兵站。この賤ヶ岳の戦いは、まさに秀吉の戦争芸術の極みといっても良いかもしれません。

秀吉の野戦築城②　小牧・長久手の戦い

非常に見事な野戦築城と機動力をもってして柴田勝家を打ち破った秀吉でしたが、同じような野戦築城による戦いが、徳川家康と戦った「小牧・長久手の戦い」です。

秀吉は、尾張と美濃の境に位置する犬山城に入り、対する家康はかつて織田信長が美濃攻めのために築いた小牧山城に入ります。地図上の位置関係で言えば、犬山城が北、小牧山城は南になります。

両者はやはり野戦築城によって、各陣地の守りを固めて、先に手を出したほうが負ける、というような賤ヶ岳の戦いと同じ膠着状態に突入しました。

そのとき、秀吉は二万の軍勢で別働隊を作り、小牧山城の背後に回って、家康の本領である岡崎を攻撃する作戦を立てました。この別働隊を指揮するのは、ともに織田家の家臣として汗水流しながら仕えてきた池田恒興《いけだつねおき》です。彼は信長の乳兄弟でもありました。

しかし、家康も秀吉に負けない戦上手ですから、池田の別働隊が動き出したのをすぐに察知し、小牧山城から兵を挙げて、池田隊に攻撃を仕掛けるのです。その結果、池田恒興も嫡男の元助《もとすけ》も討ち取られました。森蘭丸《もりらんまる》の兄で、池田恒興の娘婿だった森長可《ながよし》も戦死し、この池田隊は全滅に近いかたちで敗れてしまいます。

秀吉からしてみれば、家康の本隊が小牧山城から動くのはおそらく予想していたのでしょう。池田隊の役目は、家康を城から引きずり出して釘付けにしたところで、秀吉の本隊で叩くという、いわば賤ヶ岳の戦いと同じことをやろうとした。

しかし、そこは家康のほうが一枚上手だったのです。池田隊をいち早く全滅に近いかたちで叩くとすぐに小牧山城に戻り、守りを固めている。流石の秀吉も家康を討つチャンスがありませんでした。

野戦築城によってどこの陣地も砦だらけになると、先述したようにいかにその城や砦から敵の大将を引きずり出すか、先に動かすかが重要になります。そのために秀吉は、囮《おとり》や陽動作戦を実施したわけですが、結局、家康にはかなわなかった。そのため、秀吉は軍事ではなく政治で家康と交渉し、天下人への道を突き進みます。ここがまた、秀吉の天下人たる所以と言えるでしょう。

ともあれ、秀吉は兵站ばかりか、戦国時代に成熟してきた野戦築城戦においても、巧みに使いこなしていた。言ってみれば、昭和の軍部にはない、高度な合戦を行っていたのかもしれません。

第四章

勝敗

勝利に必要な要素とは

合戦の勝敗を改めて考える

勝敗は何によって決するのか

合戦とは何か、合戦において勝敗を決めるのは何か、ということについては第一章でもお話ししました。第二章、第三章では個別具体的な戦術や戦略、兵站などの問題を見てきました。その上で改めて、本章では第一章でも述べた「合戦とは何か」「合戦において勝敗とは何か」という点に立ち返り、考えてみたいと思います。

合戦の勝ち負けというのは、たとえば鎌倉時代までの一騎討ちでしたら、敵の大将の首を取るというのが一番わかりやすい勝ち方です。しかし、戦国時代の集団戦・総力戦においては各部隊の大将クラスは、基本的には部隊の後方に控えて、後ろから指示を出すかたちになります。集団戦では命令系統がしっかりしているかどうかが合戦の勝敗を左右してしまうのは、第二章で見たとおりです。指揮系統については本章でも詳しく取り上げますが、そもそも部隊に命令を下す大将がやられてしまえば、その部隊の負けはほぼ確実になります。

これに反して、しばしば大将は後方にいるだけでなく、前線に立ち、突撃をかけたなんていう話が残っています。

たとえば、戦国時代に活躍した武将に蒲生氏郷《がもううじさと》というキリシタン大名がいます。彼は「銀の鯰尾《なまずお》の兜」と呼ばれる銀色の長いとんがり帽子のような兜を被り、戦場で戦っていました。新しく蒲生家に召し抱えられた人間は、「合戦のときには必ず、銀の鯰尾の兜を被った者が真っ先に敵に突撃していくのをお前は見るだろう。その者に負けぬよう、しっかり働くのだ」と言われる。すると本当に銀の兜の者が最初に突撃するのが見える。「あれ、殿じゃないか?」ということになり、兵士たちの士気は上がって「殿に遅れをとるな!」ということで、みんな突撃していくというわけです。

また、徳川家康は、「一軍の将たる者、味方諸人の盆の窪ばかり見ていては、合戦に勝つことはできない」というようなことを述べたと伝わります(『駿河土産』)。「盆の窪」とは、人間の後頭部と首の中間くらいにある少しへこんでいる部分のことを指す言葉です。つまり、大将は味方の頭の後ろばかり見ていては戦いには勝てない、ときには自分が前に出て戦わないとダメなんだ、というわけです。

しかし、果たして本当に大将が率先して前線に出て、一番に斬り込むなんてことがあったのでしょうか。

戦国大名たちの鎧兜というのは、さまざまな意匠をこらし、大変目立つようなものが多い。黒田長政《くろだながまさ》の黒田家では二本の大きな水牛の角が兜についていて、大変立派なものです。また、伊達家では、兜に月の格好をした前立てをつけていますが、大将の伊達政宗のものは非常に大きな三日月状の飾りとなります。伊達政宗の鎧兜は上から下まで黒で統一して、金ピカの前立てがついていたので、非常に目立ったのです。それは『スター・ウォーズ』のダース・ベイダーのモデルになったとも言われます。また、徳川家康に仕えた井伊直政《いいなおまさ》の井伊家は朱色の漆を塗った赤揃えの鎧兜で有名ですが、当主の直政の兜となると、赤塗に金色の角が二本ついていて、やはり非常に目立ちます。

こんな派手な格好をした人間が最前線に現れて、単独で突撃をかけたりしたら目立って仕方がない。鉄砲や弓矢の餌食になり、蜂の巣にされておしまいです。大将が目立ってしまったら一番に首を取られてしまう。

だから戦国時代の集団戦においては、大将は普通、部隊の一番後ろにいて、なるべく目立たないようにするというのが定石でしょう。

しかし、他方で味方のなかでは目立たないと大将の存在が薄れてしまう。それは味方の士気にも関わるわけです。ですから、一番後ろにいながら、派手な鎧兜を身につけて、「俺はここにいるぞ」というのをみんなに示す必要があるのです。

そうなると、やはり合戦において、大将を討ち取るということは非常に難しいと言わざるを得ないでしょう。

大将の討死は実は少ない

実際に、数ある戦国時代の合戦のなかで、大将が討ち取られた例はそんなにありません。

有名なのは、本書でも繰り返し取り上げている、桶狭間の戦いです。この戦いが奇襲だったかどうかの是非は置いておいて、とにかく織田信長はこの時、敵方の大将である今川義元を討ち取りました。

また、大将級の人間を討ち取った戦国武将はというと、島津家久《いえひさ》が有名です。島津家久は、戦国時代、最も戦がうまかったと言われる武将のひとりです。第二章でも紹介したように、島津家久は「釣り野伏せ」という戦術を得意としました。彼は、沖田畷《おきたなわて》の戦いでは肥前国の龍造寺《りゅうぞうじ》氏を打ち破りましたが、このとき、大将の龍造寺隆信《たかのぶ》は討死し、首を取られています。

島津家久はまた、豊臣秀吉が九州平定へと動いた際、戸次川《へつぎがわ》の戦いで豊臣軍を退けています。この際、土佐の長宗我部元親《ちょうそかべもとちか》の息子・長宗我部信親《のぶちか》という大将級の武将を討ち取りました。

そのほかでいうと、なかなか大将が戦場で死ぬということはありません。このように考えると、集団戦・総力戦となった戦国時代において、合戦の勝敗は、指揮系統が分断され、大将の命令がうまく全体に行き渡らなくなり、集団の統制が取れなくなったときに定まるのではないか。私は現在、そのように考えています。次節からはこの点を詳しく見ていきましょう。

敗戦は指揮系統の崩壊によって引き起こされる

関ヶ原の戦いと指揮系統

第二章で述べたように、大将の指示を全軍に正確に伝える命令系統が整っているか、整っていないかは合戦の勝敗を左右する重要な点でした。

実際にＴＶ番組で桶狭間の戦いを例に検証してみた話をご紹介しましたが、命令系統がきちんと整っている軍隊はたとえわずかな軍勢であっても、兵力差をひっくり返して大軍を破ってしまうこともあっただろうと思われます。

ＴＶ番組の検証では、トランシーバーを持たせましたが、戦国時代ではそんなものはありません。その場合、どうするかというと、大将は小高いところに陣を張り、戦場を見下ろして戦況を逐一確かめられるようにします。ですから、小高い丘や小山に陣地を構えることが基本になります。

そして戦場全体を見渡しながら、「左翼の部隊は中央に援軍」とか「右翼の部隊は前進」とか、さまざまな指示を出します。その指示は伝令を出すかたちで、各部隊に行き渡るのですが、実はどのようにして伝令を飛ばしていたのかは結局よくわかっていません。おそらくですが、これも第二章で紹介したように武田軍の百足衆や織田軍の母衣衆のような情報伝達のエキスパートが戦場を馬で駆け巡り、大将の指示を各隊に伝えていたのではないかと考えられます。

この指示系統が戦場において大変重視されていた例として、天下分け目の合戦である関ヶ原の戦いを見ていきましょう。

この関ヶ原の戦いでは、徳川四天王のひとり、本多忠勝は家康の軍に属して、名馬・三国黒《みくにぐろ》にまたがり、戦場を駆け巡って指揮を執りました。

大規模な合戦において、徳川家康のような総大将が実際の指揮を執ることは稀で、実は各部隊の長が、軍奉行（戦奉行とか戦目付、軍監などさまざまな呼び方がありますが、本書では軍奉行で統一します）となり、各現場で指示を出していたと考えられます。この場合、本多忠勝や井伊直政のような武将たちがこれに当たります。

このとき、本多忠勝の本隊は徳川秀忠の徳川軍の部隊と一緒に行動していたため、真田昌幸・信繁父子が立て籠る上田城攻めに手間取り、中山道を進軍している真っ最中でした。つまり、本多忠勝の本隊は、関ヶ原の戦いに間に合わなかったのです。そのため、関ヶ原には忠勝が配下のわずかな家来を伴って、単身参上しているようなかたちでした。

徳川秀忠率いる徳川本隊の遅参は、当然、関ヶ原の戦いが終わった後の論功行賞に響いてきます。

本多忠勝と同じく徳川四天王のひとりに数えられる榊原康政《さかきばらやすまさ》は、忠勝の本隊と同様に徳川秀忠と一緒に行動していました。康政自身も秀忠に同行しています。そのため合戦自体には間に合いませんでした。家康に忠義を尽くしてきた家臣たちは、「殿が天下人になったら、これまでの苦労を労ってくれて、石高も大幅に加増してもらえるかもしれない」と期待していたと思いますが、合戦に間に合わない大失態を晒した家臣には、たとえ徳川四天王と呼ばれる榊原康政のような者であっても、厳しく査定されました。その結果、榊原康政はビタ一文、恩賞に与ることができなかったのです。徳川家康はなかなかの「ケチ」なのです。

本多忠勝の場合も、本隊を率いる嫡男の本多忠政《ただまさ》は、秀忠や榊原康政らと同行して関ヶ原の戦いには間に合わず、戦いでの兵力としては十分ではありませんでした。それならば忠勝も恩賞には与れないのかというと、上総大多喜《かずさおおたき》一〇万石から伊勢桑名一〇万石に国替えとなっています。元の所領の大多喜は五万石に減らされ、忠勝の次男の忠朝《ただとも》に与えられます。つまり桑名の国替えは栄転ということです。本多父子合わせて一五万石ですから、トータルで五万石加増されたことになるのです。

忠勝は自分とともに関ヶ原にいた少数の家臣を連れて、戦場を駆け回り、各隊に指示を出していました。また、徳川方（東軍）に付いた豊臣恩顧の武将たち（福島正則《ふくしままさのり》、山内一豊《やまうちかずとよ》、堀尾忠氏《ほりおただうじ》ら）が西軍に寝返らないよう、監視役も務めました。このような行動が家康から高く評価されたのです。

源平の合戦の昔から合戦には大将に代わって実際に軍勢を動かす軍奉行のような者がいました。大将は源氏の御曹司や平家の公達《きんだち》など、実際の戦は得意ではない者だったとしても、その下には戦の采配を振るうナンバー2がいて、戦場での指揮を担当したのです。

そういう人間たちがいたからこそ、指揮系統というものがちゃんと保たれていたのだと思われます。それゆえに、論功行賞の際にも高く評価されたのでしょう。

指揮系統の崩壊が敗戦につながる――「関ヶ原の戦い」の場合

問題はその命令を伝達する指揮系統がズタズタになり、崩壊してしまったらどうなるのかということです。集団戦・総力戦においては、指揮系統が機能しなくなると、当然ながら軍全体の統一的な行動が取れなくなります。

関ヶ原を戦った徳川方の東軍と、豊臣方の西軍はいずれもさまざまな戦国大名の連合軍です。意思伝達がうまく行かなくなれば、てんでんばらばらとなり、結局、退却を余儀なくされるでしょう。

合戦の勝敗で言うならば、指揮系統が崩壊し、軍全体の意思伝達ができなくなってしまったら、その段階で敗北は確定するのだろうと私は思っています。

それは関ヶ原の戦いでも言えることです。最終的には石田三成が指揮を執った西軍の敗北に終わるわけですが、そのきっかけを作ったのは小早川秀秋《こばやかわひであき》の裏切りだったとされます。西軍から東軍に寝返った小早川の部隊が大谷吉継《おおたによしつぐ》の部隊に攻撃を仕掛け、これを全滅させると、一気に西軍不利へと形勢は傾いていきました。

このとき、西軍が宇喜多秀家《うきたひでいえ》の部隊に全滅覚悟で殿を務めさせ、石田三成や小西行長《こにしゆきなが》らを戦場から離脱させていれば、また別の形での後の戦い方があり得たかもしれません。このような決断を下し、うまく指示を全体に行き渡らせることができれば、西軍の全滅はなかっただろうと思います。

そうすれば、三成らは佐和山城や大津城で籠城戦を行うなど、まだ第二ラウンドの戦いがあり得た。そこに大坂城にいた毛利輝元《てるもと》が豊臣秀頼《ひでより》を担ぎ出して、新たな戦場へとやってくる。そうすれば、東軍に与した豊臣家恩顧の大名たちがこぞって西軍に寝返る可能性だって出てきます。三成は十分に戦えたはずなのです。

しかし、小早川秀秋の寝返りにより指揮系統が壊された結果、そこまでの作戦を遂行できなかったのだろうと考えられます。

西軍の敗北を招いた小早川秀秋の寝返りですが、そもそも小早川は西軍だったのか、という問題もあります。

小早川秀秋は秀吉の正室である北政所《きたのまんどころ》の、血を分けた甥に当たります。早くに秀吉夫妻の養子となっており、豊臣家の後継者候補としては、関白になった豊臣秀次《ひでつぐ》に次ぐ、ナンバー2でした。

しかし、豊臣秀頼の誕生後、後継者と目された秀次は一族皆殺しとなり、秀秋も五大老のひとり小早川隆景《たかかげ》の養子に出されてしまいます。続いて朝鮮出兵の後には国替えとなり、筑前三五万石から越前北ノ庄一二万石に左遷となりました。

そんな秀秋に救いの手を差し伸べたのが、実は徳川家康だったのです。家康は秀秋が筑前の領地を回復する段取りを整えてくれたのでした。

ですから、小早川秀秋は豊臣家を恨む理由こそあれ、徳川家に敵対する理由はまったくなかったのです。むしろ、家康に対して恩義を感じていたでしょう。

このことは薄々、豊臣方の武将も気がついていたのかもしれません。小早川秀秋は関ヶ原における西軍の重要な拠点のひとつ松尾山に陣を張りました。これに対して、同じく西軍の大谷吉継の陣を見ると、なぜか松尾山に向けて土塁を作っていたのです。つまり大谷吉継は小早川秀秋の寝返りを最初から警戒していた。そもそも西軍に加わったとは考えていなかったことになります。

実際に大谷吉継は、小早川の部隊からの攻撃を二度にわたって凌いだのです。小早川の部隊は一万以上、大谷の部隊は多くとも一〇〇〇程度ですから、大谷吉継はよほど結束が堅く、士気の高い部隊を作り上げていたと言えます。

小早川の陣と大谷の陣の間には、赤座直保《あかざなおやす》、小川祐忠《おがわすけただ》、朽木元綱《くつきもとつな》、脇坂安治《わきさかやすはる》という武将がそれぞれ陣を張っていました。いずれも西軍に与する武将たちでしたが、このうち脇坂安治は、いざとなれば東軍に付くと、徳川方と内通していました。

そこへ、すぐ隣にいた小早川の一万の軍勢が丸々、敵に寝返ったのです。もとより寝返るつもりだった脇坂だけでなく、赤座、小川、朽木もまるでコバンザメのようにくっついて東軍に寝返り、大谷の部隊を攻めたのでした。

小早川の寝返りは予期していたものの、近くにいた四つの部隊の寝返りに対しては、さすがに大谷吉継も準備ができていなかった。その結果、大谷隊は全滅し、吉継も討死となりました。

小早川だけの寝返りであれば、なんとか大谷隊も持ち堪え、すぐに指揮系統を立て直

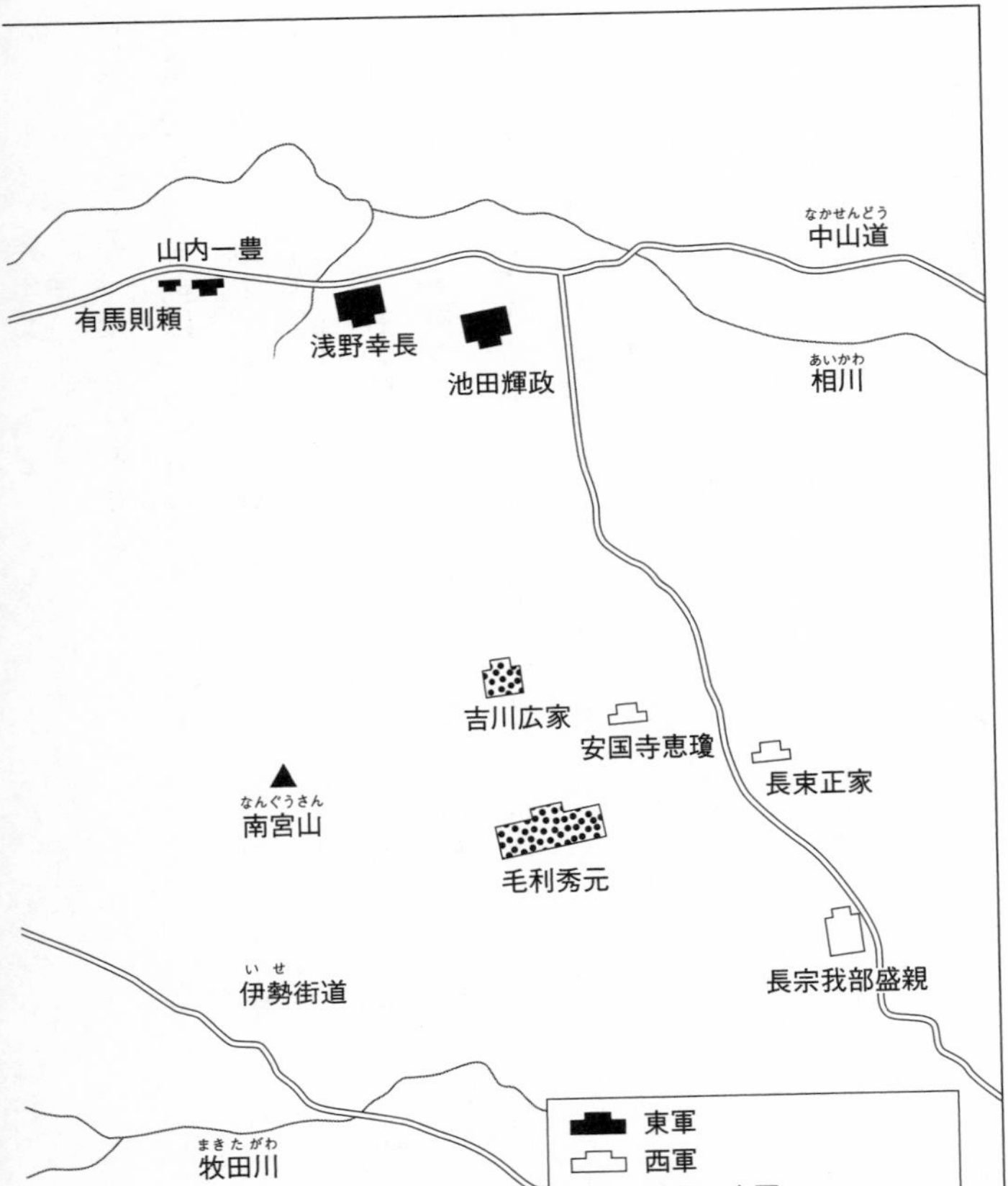
山内一豊
有馬則頼
浅野幸長
池田輝政
中山道《なかせんどう》
相川《あいかわ》
吉川広家
安国寺恵瓊
長束正家
南宮山《なんぐうさん》
毛利秀元
長宗我部盛親
伊勢《いせ》街道
牧田川《まきたがわ》
東軍
西軍
西軍→東軍
内応軍（東軍と密約あり）

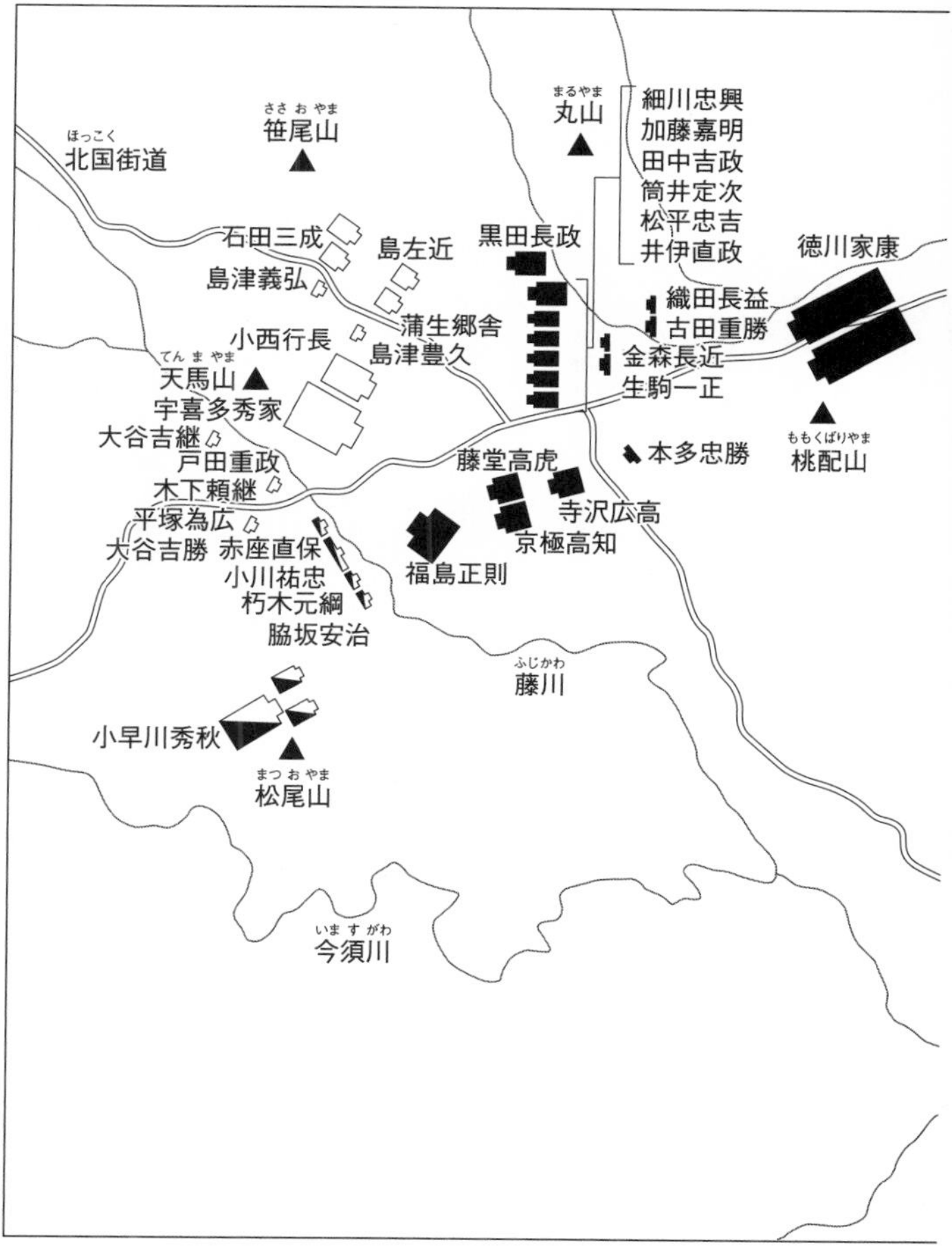
丸山《まるやま》
細川忠興
加藤嘉明
田中吉政
筒井定次
松平忠吉
井伊直政
笹尾山《ささおやま》
北国街道《ほっこく》
石田三成
島左近
黒田長政
徳川家康
島津義弘
織田長益
古田重勝
蒲生郷舎
小西行長
島津豊久
金森長近
生駒一正
天馬山《てんまやま》
宇喜多秀家
大谷吉継
本多忠勝
桃配山《ももくばりやま》
藤堂高虎
戸田重政
木下頼継
寺沢広高
平塚為広
京極高知
大谷吉勝
赤座直保
小川祐忠
福島正則
朽木元綱
脇坂安治
藤川《ふじかわ》
小早川秀秋
松尾山《まつおやま》
今須川《いますがわ》

して、石田三成や宇喜多秀家らの本隊と連携しながら動けたのかもしれません。しかし、赤座、小川、朽木、脇坂の更なる寝返りに遭い、一気に部隊は全滅させられてしまった。その結果、将棋倒しのように指揮系統が総崩れとなり、西軍は負けてしまったのだとも考えられます。

もちろん、赤座、小川、朽木、脇坂という小さな部隊が戦局を一転させてしまうほどの影響力があったかというと、疑問ではあります。しかし、少なくとも小早川秀秋の寝返りが、西軍の指揮系統を壊すほどに深刻な打撃を与えたとするならば、やはり関ヶ原の戦いにおける西軍の敗北は、指揮系統を十分に維持できなかったことに由来するのでしょう。

余談ですが、戦後の論功行賞では、もともと東軍に寝返る予定だった脇坂は多少の恩賞に与ることができたのですが、勝手に西軍を裏切った残りの三人には全く恩賞は与えられませんでした。そういう出処進退の汚い奴には褒美は出さんというのが家康の答えだったわけです。

これを見る限り、やはり家康は「ケチだなあ」と思います。逆にこれが人たらしの豊臣秀吉だったら、「よくやった！」とか言って、喜んで褒美を出しただろうと思います。

指揮系統が維持されれば負けない――「三増峠の戦い」の場合

指揮系統の崩壊が合戦の敗北につながることをお分かりいただけたのではないかと思います。逆に言えば、指揮系統がしっかりしていれば、合戦においてはそうそう負けることはないとも言えます。

たとえば、その好例として武田信玄の「三増《みませ》峠の戦い」というものがあります。

先述したように、武田、今川、北条（後北条）は、甲相駿三国同盟を結び、互いに不可侵であることを取り決めていました。しかし、武田が信濃を攻略し、上杉との戦いがひと段落した頃、今川義元が桶狭間の戦いによって織田信長に敗れ、討死します。これにより三国同盟は大きく揺るぎ、信玄は今川領・北条領のある駿河へと侵攻を開始したのです。いわゆる三度にわたる駿河侵攻でした。

三度目の駿河侵攻の際に、信玄は北条氏が籠城する小田原城を攻めています。第三章でもお話ししたように、小田原城といえば、信玄のライバルである上杉謙信がかつて一〇万の軍勢をもってしても落とせなかった、非常に守りの堅い城でした。さすがの信玄も小田原城は落とせず、これ以上長引けば物資などの補給も続かないということもあり、甲斐へと退却することを決めます。

ところが退却中の武田軍の背後から、北条氏政《うじまさ》が率いる軍勢が襲いかかったのです。戦場となった三増峠では、北条氏政の本隊の到着前に、すでに甲州街道側の守備を務めた北条氏照《うじてる》の軍勢と、秩父方面側の守備を務めた北条氏邦《うじくに》の軍勢が先手を打つべく進軍していました。

まさに武田軍は挟み撃ちされる格好です。第二章で見たとおり戦術の基本からすれば、挟み撃ちは相当に効くのです。信長も越前攻めの際には一目散に京都へと逃走しました。

ところが、そこは戦上手の信玄です。軍勢を三つに分けて敵の攻撃を正面から受け止めつつ、一隊は三増峠付近にあった津久井城を押さえ、もう一隊は山中へと入り、北条軍を横から急襲する戦術を取りました。その後、両軍は峠内で本格的な交戦状態に入り、武田側は三隊に分けたうちの左翼隊の大将である浅利信種《あさりのぶたね》が討ち取られています。

大将が取られたらその部隊は負けというのは先述した通りなのですが、このとき大将に代わって曽根昌世《そねまさただ》という武将が左翼隊の指揮を執ったのでした。その結果、左翼隊は全滅どころか、相手を打ち負かし勝利しているのです。

曽根昌世は武田信玄の側近にあたるような武将で、江戸時代になると講談や浮世絵などでは「武田二十四将」に数えられるほどの人物です。

その曽根が軍奉行として、戦死した大将の浅利信種から指揮権を引き継いだのです。これにより総崩れにはならなかった武田の左翼軍は、北条氏の軍勢を押し返し、最終的には勝利を収めたのでした。

言うなれば、関ヶ原の戦いにおける本多忠勝のような役割を曽根は果たしたわけです。このことから、武田信玄は仮に大将が戦死したことも考えに入れて、その場合に指揮系統はどうするかをきちんと決めて、軍隊を編成していたことがわかります。

これは近現代戦においては当たり前のことで、仮に戦場で指揮権を有する司令官が亡くなった際には、その指揮権はナンバー2の人間が引き継ぐことになります。トップが戦場で亡くなるというのは、戦国時代に比べて近現代戦になるともっと少ないのですが、たまたま至近距離に砲弾が落ちてきたとか、ほとんど偶発的な事故がままあるわけです。

その意味で戦場というのは何が起こるか分かりません。それは戦国時代も近現代においても変わらない真実だろうと思います。

しかし、戦国時代においては大将が亡くなってしまえば、指揮系統が崩れ、その部隊は全滅してしまうことが多い。ところが近現代ではそうではありません。トップの司令官が亡くなれば、ナンバー2が指揮をする。もしナンバー2が亡くなれば、ナンバー3が指揮をする。こうして部隊の指揮系統を維持し、戦争を遂行するわけです。

ですから、戦国時代においていち早く、大将の代わりにナンバー2が指揮権を発動し、指揮系統を維持しながら軍勢を率いて戦えるように準備していたということは、やはり武田信玄が戦上手と言われる所以だろうと思います。

それくらいに、戦国時代の合戦においては、指揮系統の崩れは、全軍を危うくし、合戦の敗北を決定づけてしまうのです。

農民たちの士気を上げる

農民が大多数の軍隊

前節ではいかに指揮系統が合戦の勝敗を左右するかを確認しました。指揮系統がきちんとしている軍隊というのは、集団の統制が取れ、指揮官の指示通りに動けるということです。集団戦・総力戦において、「戦いは数である」という大原則とともに指揮系統を整えることは非常に重要になってきます。

この指揮系統をいかに保つか、という点でいえば、改めて当時の軍隊というのはどんな編成をしていたのか、どんな人たちによる集団だったのかを考えなければ、合戦のリアルとは言えません。

本書でも繰り返し語っていることですが、戦っているのは生身の人間であるということです。この一点を疎かにしては、合戦の真実は何も見えてこない。

そこで改めて、どんな人間たちが当時の合戦に駆り出されていたのかを見ていきたいと思います。

たとえば、江戸幕府が諸大名に対して軍役というものを課しています。いざ、戦争が起きたら、石高に応じて、これだけの兵隊を連れてこいというものです。江戸時代の初期、二代将軍の徳川秀忠の頃にはこの軍役は多少ゆるくなっているのですが、一万石の領地を持っている者は、鉄砲隊二〇人、槍隊五〇人、弓隊一〇人、騎馬隊一四人、旗持ち三人となっています。つまり一万石の領地を持つ者は、トータルで約一〇〇人の兵隊を戦場に連れていかなければなりませんでした。

これは本書でも紹介した「四〇万石で一万人」からするとかなり低い数字です。つまり、一万石で一〇〇人ですから単純に四〇倍して、四〇万石で四〇〇〇人です。戦国時代が終わり、江戸幕藩体制へと切り替わっていく時期には、軍役は半分以下となっていることがわかります。

また、別の事例からこの軍役の数字を考えてみると、参考になるのが豊臣秀吉による朝鮮出兵です。名古屋大学名誉教授の三鬼清一郎先生の研究によれば、秀吉の軍役はかなり厳しかったようです。

朝鮮出兵の際、秀吉は九州の大名に対しては一〇〇石あたり五人、中国・四国の大名に対しては一〇〇石に四人の軍役を課していたと考えられます。

肥後の加藤清正《かとうきよまさ》であれば、二〇万石ほどの領地を持っていましたので、朝鮮出兵の際には一万人の軍勢を引き連れて、海を渡らないといけなかった。つまり本書で基準として考えている「四〇万石で一万人」という計算式からすると、本来なら二〇万石なら五〇〇〇人が普通です。つまり、二倍の軍役が課されていることになります。

また江戸時代初期の江戸幕府が定めた軍役からしてみると、秀吉による「一〇〇石あたり五人」というのはさらに厳しいものに映ります。江戸幕府の場合、「一万石で一〇〇人」ですから、一〇〇石あたり一人の計算になります。つまり、江戸初期の軍役からすると朝鮮出兵の軍役は五倍もの数字になるわけです。

江戸初期の一〇〇石で一人、一万石で一〇〇人というのは基本的には大名に仕官している正規雇用者であり、全て武士階級であったと思われます。軍役についている人間は全員、戦うことが仕事である武士たちということです。いざ、戦争が起こったならば命懸けで戦うことが前提です。少なくとも、武士だけでそれくらいは用意できるだろうという目安になります。

対して、秀吉が定めた軍役の基準からするとこの五倍の人数になるわけですから、一〇〇石で五人、一万石で五〇〇人。その差は四人と四〇〇人です。仮に一万石で考えるなら、一〇〇人は正規雇用の武士たちで賄えるとしても、残りの四〇〇人は武士では足りないはずです。そうなると武士以外の非正規雇用として兵士を捻出しなければならない。つまり、普段は田畑を耕している農民を軍役に駆り出すことになるわけです。

ですから、その五〇〇人が仮に戦場に出たとして、正規雇用である武士一〇〇人は戦うことが仕事ですから、まず逃げ出す恐れはありません。きちんと指示通りに戦う訓練を受けた人たちです。

しかし、残りの四〇〇人はプロの軍人ではありません。あくまでもそのとき限りで集められた非正規の農民たちなのです。つまりできるならば、戦争はやりたくない。戦うのは怖いと思う人たちです。

一〇〇人のプロの武士は戦闘意欲もあり、士気も高いでしょう。しかし、その四倍にあたる残り四〇〇人の兵が、できるならばすぐに逃げ出したいと思っている、やる気がなく士気の低い農民たちなのです。

ですから、勝敗が完全に決しなくとも、「この戦いは、負けそうだな」という意識がひとたび部隊に広がれば、すぐに指揮系統などズタズタに崩れてしまうに違いないのです。

また、よほど兵のやる気を高め、士気を上げておかなければ、合戦における死の恐怖を乗り越えることはなかなか難しい。誰だって死にたくないわけですから、逃げようということになるわけです。

本来ならば、退却するときというのは、三々五々に各自が逃げるのではなく、きちんと集団のまとまりを維持して、力を合わせて逃げることができるならばそちらの方がずっと安全なのです。

関ヶ原の戦いで西軍が総崩れになり、バラバラに退却するのではなく、「石田三成ら司令官の部隊を安全に逃がすべくだれかが殿を務める」などもっと組織的に動けば、挽回戦だってあり得たということは先ほども述べました。

しかし、一度、そのように軍隊が崩れてしまうと、指揮系統は崩れ、まとまりで動くことはできません。

退却時には落武者狩りにあう可能性が高い

指揮系統もなくなり、組織的にではなく個別に退却するようになれば、結局、逃亡する武士から金品などを略奪し、殺害する落武者狩りなどにあって、大将級の武将であっても首を取られる可能性が高くなります。

第二章でも述べたとおり、実際に戦っているときよりも、一方が敗走したときのほうが、死者は出やすいのです。

両者の勢力が拮抗して戦っているときには、相手の命を奪わなければならないという気持ちがある反面、相手の陣へと攻め入れば逆に自分の命を相手方に晒すわけですから、自分が討たれる可能性も強くなる。そうなるとなかなか、お互いの命を奪い合う、というようなことにはなりづらい。睨み合いのような形になる。

他方、すでに勝敗が決し、どちらか一方が勝ち、どちらか一方が負けとなったとき、負けたほうは相手に背を向けて戦場から退却します。そうなると、勝った側からすれば自分たちは攻撃される恐れがないわけですから、率先して敗走する敵を追いかけ、その首を討とうとするわけです。

また、大将を逃がすためにきちんと殿を務める部隊が置かれた場合も死者は多くなります。というのも、殿の役目は味方が逃げるまで最後まで戦場に踏みとどまり、敵の追撃を食い止めるということです。

このため、基本的には殿は、負け戦が大前提なのです。負け戦のときに自分が相手の攻撃の矢面に立ってこれを防ぐわけですから、命を惜しんでいては当然難しい。殿というものは決死の作戦であり、ほぼ全滅する。

その意味でも、退却時の追撃戦というのは、通常の戦闘よりも大変多くの命が失われるのです。

ですから、ひとつの組織を組織たらしめる上下関係などの指揮系統は、敗走するときにこそ、もっとしっかりと維持していたほうが無駄に命を落とさなくて済むのですが、そこはやはり人間ですから、恐怖に駆られてはどうしようもない。

主君のために死ぬことは素晴らしいことだという武士の価値観を共有しない農民たちは、死ぬのは怖い。死にたくないから我先にと逃げ出す。そうすると、追撃してきた敵や落武者狩りなどにでくわし、ひとりずつ餌食になって殺されてしまう。

このことを考えますと、そもそも合戦の戦場においては、圧倒的に戦う気のない人のほうが多いのだという事実に突き当たるわけです。

そこには「戦いは数である」という大原則からは見えてこない、人間のリアル、感情のリアルというものがある。

第二章では、織田信長の越前攻めについて紹介しましたが、このような人間のリアルを考えないと、なぜ兵力差では圧倒していた信長が、挟み撃ちをされたとたんに一目散に逃げ出したのか、ということも理解できないのではないかと思います。

来るべき「合戦の日本史」

「戦いとは数である」「軍事とは経済である」ということを本書では合戦における大原則として説明してきましたが、先述したように戦国時代の合戦において、戦場にいた大部分の兵は殺し合いをしたくない、戦う気のない人たちだったというリアルをきちんと考えなければ、合戦のリアルも見えてきません。

そのリアルを考えるならば、指揮系統をちゃんと守り、統制の取れた集団戦を行うには、本書の第二章で詳細に確認したように、戦争に人を駆り立てる士気というものが重要になるのだと言えるでしょう。交戦意欲に欠けていれば、どんなに優れた作戦を立てても、統制の取れた集団戦を行うことは難しい。

そこには常に生身の人間の存在があるということです。合戦を理解しようとすれば、根本的には「人間とは何か」という問いに突き当たると言っても過言ではありません。

生きている人間は当然、飯を食べ、糞尿をします。そうであるから、いかに兵士たちに飯を食わせることができるのか、健康を維持して戦わせることができるのかを当時の武将たちも考えたことでしょう。

士気の問題で言えば、究極的には、どんな舞台装置を作れば、人は自分の死というものを超越して戦うことができるのか、命を捨ててまで戦場に駆り立たせることができるか、ということが重要になります。

そういう人間の根本をリアルに考えるところに「軍事史」というものがあるわけですから、「合戦の研究」というのは、ただ単に戦うことだけを研究するのではなく、政治や経済、文化、宗教、死生観や価値観などさまざまなものと密接に結びつけながら考察していかなければなりません。

そうした研究をすることで、軍事史に限らず、そのほかのさまざまな分野にもその成果がフィードバックされるということもあると思います。

その意味では、「合戦の日本史」というものはただ単に、歴史学のなかだけでやればいいというものではないでしょう。

軍事には軍事の専門家がいるわけです。たとえば防衛大学や自衛隊には、戦史研究や戦術研究など、さまざまな蓄積があるだろうと思います。もちろん、今日の状況と戦国時代の合戦は大きく異なります。安易な比較などはできないと思いますが、やはり軍事については軍事のスペシャリストに意見を聴きながら、歴史の具体的な事実を見、検証していくという以外に、今後のこの分野での学問の進展は難しいのではないかと思います。

しかし、その蓄積を戦後日本の歴史学は怠り、そこには「空白」があるということは本書のなかでもお話ししました。空白になっているがゆえに、いまだに桶狭間の戦いにおける織田信長の奇襲や島津家久の釣り野伏せなど特異な戦術研究だけで、合戦の実態が云々される傾向にあります。

そうではなく、本書で語ってきたように、合戦を戦う者たちとはどんな人間だったのか、戦場にいた大多数の人間が実は殺し合いなんかしたくない人たちだったとか、そういった人間のリアルに立ち返らないことには、「合戦のリアル」は見えてこないでしょう。

強いて言うならば、歴史学というのは、現代を生きる私たちと同じように、歴史上の人物たちを、生きた人間として扱う学問でなければいけないということだと思います。そのような生身の人間を想像し、史料に向き合い、歴史の実像を想像していく、検証していくことが日本史研究においても非常に重要なことだと思います。

「合戦のリアル」とは「人間のリアル」である。

このことに言及させていただいて、本書を閉じたいと思います。本書で私が提起した「合戦のリアル」に関する問題が、今後の来るべき「合戦の日本史」理解の一助になれば、幸いです。

あとがき

二〇二一年にスポーツタレントTさんが「日本の全アスリートが全員格闘技を始めたら、現在の格闘技のトップはみんな入れ替わると思う」と発言しました。すると、それを受けて、格闘技の第一線にいるHさんは「運動神経が良くてスポーツができる人が、みんな真っ向からのファイトをできるかといえば、そんなことはない。勇敢な人は少ないのだ。格闘技の技術は誰にでも身につけられるけれど、ファイトする気持ちは生まれ持った才能だ」と反論しました。ぼくは両者の議論の逐一を知るわけではありませんので、Tさんと Hさん、どちらが正しいかという意見は差し控えます。でも、Hさんの言いたいことはすごくよく分かりました。

ぼくの少年時代には総合格闘技はありませんでした。「ガチンコ（真剣勝負）である」という意味でそれに一番近かったのは、ボクシングでしょう。ぼくはボクシングの試合をよく見に行きました。鍛え抜かれた彼らが相手を倒すために殴り合うと、顔がどんどん変形してくる。まぶたが腫れ上がり、鼻が曲がり、顔の輪郭がいびつになる。それでも両者は一歩も引かず、ＫＯを狙って前に出る。もちろん、両者に遺恨などはありません。それでも戦い続ける。

彼らはなぜそこまでして戦えたのか。お金？　もちろん世界戦などでは多額なファイトマネーが払われた。でも、ぼくが見ていたレベルの試合には、たいしたギャラはなかったはずです。ゆくゆくは〇〇チャンピオン、そうした栄光とは縁遠いと分かっていても、毎日地道できついトレーニングをしてリングに上がる。そんな選手がほとんどだった。自身に秘められた野生の魂のようなものに突き動かされ、相手を倒すべく前進する。いつも机にかじりついているぼくなどには、到底できない振る舞い。ぼくはそこに、たしかに勇気を見たのでしょう。だから汗だけでなく血が飛ぶような凄惨な試合から、目が離せませんでした。

ぼくが「合戦」に深い興味を持つのは、案外、ぼくのような貧弱な人間にも、そうした野生の働きかけが秘められているからかもしれません。もちろんそれは自己の内でも、社会でも、きちんとコントロールしなくてはならないものです。自己批判を忘れた科学技術への妄信は原子爆弾の開発に向かいました。同様に、暴力礼讃は戦いの暴走に繋がります。理性があるからこその人間なのですから、かりに人間の内に戦いの本能が存在するなら、それと対峙して、ルールをあてはめるなどして、制御しなくてはならない。

徳ある戦い。そんなものがあるのかどうか、ぼくには分かりません。ですが事実として、人間は戦い続けてきたし、これからしばらくも地球上から戦いがなくなることはなさそうです。ならば、ただひたすら、戦いを悪と決めつけて見ないようにするのは間違いだと思います。自分の内なる闘争本能を理解し、過去の合戦を科学的に分析することこそが、必要ではないでしょうか。戦いのない未来を創る。そのためにも、冷静な合戦研究がなされるべきだと思えるのです。

そんなことを考えながらこの本を書きました。読んでくださり、ありがとうございました。

二〇二二年一月十六日

本郷和人

ラクレとは…la clef=フランス語で「鍵」の意味です。
情報が氾濫するいま、時代を読み解き指針を示す
「知識の鍵」を提供します。

中公新書ラクレ
758

「合戦《かっせん》」の日本史《にほんし》

城《しろ》攻《ぜ》め、奇襲《きしゅう》、兵站《へいたん》、陣形《じんけい》のリアル

2022年 3 月10日初版
2022年 3 月30日再版

著者……本郷和人《ほんごうかずと》

発行者……松田陽三
発行所……中央公論新社
〒100-8152 東京都千代田区大手町 1-7-1
電話……販売 03-5299-1730　編集 03-5299-1870
URL https://www.chuko.co.jp/

本文印刷……三晃印刷
カバー印刷……大熊整美堂
製本……小泉製本

Published by CHUOKORON-SHINSHA, INC.
Printed in Japan　ISBN978-4-12-150758-7　C1221

中公新書ラクレ　好評既刊

L599
ハーバード日本史教室
佐藤智恵 著

世界最高の学び舎、ハーバード大学の教員や学生は日本史から何を学んでいるのか。『源氏物語』『忠臣蔵』から、城山三郎まで取り上げる一方、天皇のリーダーシップについて考えたり、和食の奥深さを学んだり……。授業には日本人も知らない日本の魅力が溢れていた。アマルティア・セン、アンドルー・ゴードン、エズラ・ヴォーゲル、ジョセフ・ナイほか。ハーバード大の教授10人のインタビューを通して、世界から見た日本の価値を再発見する一冊。

L630
上皇の日本史
本郷和人 著

外国では、退位した王・皇帝に特別な呼称はない。いったん退位すれば、その権威・権力はすべて次の王・皇帝に引き継がれるからである。ところが日本では、退位した天皇は「上皇」と呼ばれ、ときに政治の実権を掌握してきた。では「上皇」とは、どのような存在なのか？　二百年ぶりの天皇の譲位、上皇の登場を機に、上皇の歴史を辿り、現代における天皇・皇室、そして日本と日本人を考えるための視座を提示する。

L719
「失敗」の日本史
本郷和人 著

メディアで引っ張りだこの東京大学史料編纂所・本郷和人先生が、「日本史×失敗」をテーマにした新書を刊行！　元寇の原因、実は鎌倉幕府側にあった？　生涯のライバル、上杉謙信・武田信玄ともに跡取り問題でしくじったのはなぜ？　明智光秀重用は織田信長の失敗だと断言できる？　日本史を彩る英雄たちの「失敗」を検証しつつ、そこからの学び、さらには「もし成功していたら」というifまで展開。失敗の中にこそ、豊かな〝学び〟はある！